걸어서 가보는
로마교회 이야기

감추인
보화를
찾아서

한국샬롬출판사

걸 어 서 가 보 는
로마교회
이야기

감추인 보화를 찾아서

책 머 리 에

첫 번째 질문. "왜 베드로가 들고 있는 열쇠는 항상 두 개인가요?"

로마에 있는 성 베드로 대교회, 성 바울 대교회를 비롯해 대부분 대교회의 정면 혹은 내부에는 베드로와 바울의 석상이 배열되어 있는데, 어디에나 베드로의 오른손에는 커다란 열쇠가 들려 있다. 그런데 '천국의 열쇠'라 불리는 이 열쇠는 하나가 아닌 두 개가 항상 겹쳐져 있다. 모든 석상뿐만 아니라 성화에서조차 늘 베드로가 들고 있는 열쇠는 두 개이다. 이를 눈여겨본 한 관광객이 안내자에게 물어본 것이다.

전혀 생각하지 못했던 질문에 안내자는 잠시 머뭇거리다 순간적인 재치를 발휘해 이렇게 대답하였다.

"아~ 하나는 '스페어 키' 잖아요!"

대답이 생뚱맞기는 하였지만 천국 열쇠인 만큼 보조키도 필요하겠다는 생각을 한 관광객은 다소 수긍이 가는 듯 고개를 끄덕였다. 과연 그럴까? 베드로의 열쇠가 두 개인 이유는 본서 125쪽에.

언젠가 사이트에 올라온 바울 참수터에 관한 어느 목사님의 글을 읽고 경악을 금치 못한 적이 있다. 참수 시 머리가 세 번 튄 자리에 샘이 솟았다는 바울의 세 샘터를 방문하였는데, 한곳에는 더운물이 다른 한곳에는 미지근한 물이 나머지 한곳에는 찬물이 솟았다는 것이다. 지금까지 지구상에 존재하지 않았던 이 이야기의 출처는 어디일까? 혹시 순발력이 뛰어난 어느 안내자의 입에서 나온 것은 아닐까? 그런데 문제는 여기서 끝나지 않는다. 여행자들은 신대륙 발견과 같은 이 흥미로운 사실들을 들은 대로, 기억나는 대로, 여기에다 자기 생각도 첨부해 온라인상에 올려놓는데 더욱 큰 문제는 이런 내용들이 다시 다른 인터넷 사이트로 복제되어 나가고 나중에는 사실인양 인식된다는 것이다.

로마에는 역사 이야기도 많이 있지만 전승 이야기도 그에 못지않게 존재한다. 역사 이야기는 사가들에 의해 기록으로 남겨졌기 때문에 전승 이야기보다는 더 사실에 가깝다고 볼 수 있다. 그러나 전승이라고 해서 옛날 이야기식의 허구성이 강한 전설 이야기로 넘겨 버리면 안 되는 이유가 있다. 전승은 구전에 기반을 두고 있기 때문에 미화된 부분도 있고 가감된 부분도 있을 수 있지만, 그럼에도 불구하고 외경이나 경서 그리고 교부나 기독교사가들의 문헌에 의해 역사 이야기와 다를 바 없이 조심스럽게 다루어져 왔기 때문이다.

로마의 현지 가이드들은 국가시험을 통해 선발되고 자치주에서 발급되는 허가증이 있는 사람들이다. 그들은 역사 이야기이든지 전승 이야기이든지 공인 받은 내용을 갖고 문화재를 설명하도록 되어 있다.

중세 이후 문화재에 관한 내용은 사료가 풍부하고 연구도 많이 되어 이야기를 다루는 데 큰 어려움은 없다. 그러나 중세 이전, 특히 로마 초기 기독교 역사에 관한 이야기는 사료가 빈약하고 전승 이야기가 많아 다루기가 쉽지 않다. 이런 전승에 대해 설명해 주는 책자나 연구된 내용들조차 찾아내기가 그리 쉽지 않아 더욱 다루기가 어렵다.

그러하기에 지난 20여 년 로마에 살면서 그나마 좀 더 풍부하면서도 정확한 내용들을 알려야 되겠다는 생각을 가졌는데, 이것이 나중에 일종의 사명감이 되고 말았다. 이것이 바로 본 책을 쓰게 된 첫 번째 이유이다.

두 번째 질문. "로마 가내(家內)교회를 아시나요?"

로마를 여러 번 방문한 이들도 이 질문을 받으면 고개를 갸우뚱한다. 가내 교회는 로마 박해 시기, 가정에서 은밀히 예배를 드리다 나중에 기독교가 공인된 후 그 자리에 세워진 교회를 지칭하는 것이다.

알다시피 로마는 전 세계인들이 몰려오는 관광 명소이다. 아울러 중요한 성지 순례지이기도 하다. 로마는 기독교 공인 이후 1700년 동안 순례자들의 발길이 끊이지 않은 성지였으며, 그 절정은 중세에 와서 로마의 7개 교회 방문 코스를 통해 이루어졌다. 로마의 성 베드로 대교회에 있는 베드로 청동상의 발은 이곳을 다녀간 수많은 순례자들의 만짐과 입맞춤으로 닳아서 오른쪽 발은 형태를 거의 잃어 버렸고 지금은 왼쪽 발마저 형태를 잃어 가고 있다. 이러한 순례자 행렬은 지금 이 시간에도 로마 곳곳에서 긴 줄을 잇고 있다.

그런데 성지 순례코스는 콜로세움, 성 베드로 대교회 그리고 카타콤 정도의 획일적 방문으로 그친다. 로마를 여러 번 방문함에도 불구하고 성지 순례지로서의 탐방은 크게 새롭지가 않다.

그러나 로마에는 숨겨진 보화처럼 사람들이 알지 못하는 너무나 많은 성지가 곳곳에 남아 있다. 늘 이런 곳을 못 보고 가는 것이 안타깝기도 했고, 행여 보여드리게 되면 너무나 큰 은혜를 받고 감동을 받는 분들을 보며 꼭 소개해야겠다는 생각을 여러 번 하였다. 이것이 바로 이 책을 쓰게 된 두 번째 이유라 하겠다.

그동안 바울의 셋집에 대해 들어본 적이 없었다. 로마에 오래 사신 분들에게도, 안내책자에도, 인터넷 사이트 정보에도 바울의 셋집에 관한 정보는 없었다.

처음 바울의 셋집을 찾아갔을 때를 생각하면 지금도 가슴이 설렌다. 마치 당시의 바울을 만나는 듯 벅찼고, 2000년의 긴 세월 깊이 숨겨진 보화를 발견한 듯 두근거렸다. 지금까지 잘 알려지지 않았던 바울 셋집의 발견은 본서를 내고자 하는 결정적인 마음을 준 곳이다.

본서의 시작은 로마장로교회 한인성 목사님의 제의로 시작되었다. 로마에서 보편적으로 알려진 성지 외에 잘 알려지지 않은 곳을 어떻게 찾을 수 있을까 고민하며 '로마에 감추인 보화 찾기'에 나섰는데 지난 5년간 매주 대화하며 구상하였고 함께 탐방하며 연구하였다.

성경은 "은을 구하는 것같이 그것을 구하며 감추어진 보배를 찾는 것같이 그것을 찾으면"잠 2:4 "그 안에는 지혜와 지식의 모든 보화가 감추어져 있느니라"골 2:3 "또 우리 안에 살아 계신 성령의 도움을 받아서 그대가 맡은 훌륭한 보화를 잘 간직하시오"딤후 1:14, 공동번역라고 말씀한다.

로마는 많은 기독교인들이 핍박 가운데 흘린 순교의 피가 묻어 있는 곳이다. 또한 지구촌 순례자들이 순교지의 땅을 밟으며 신앙을 새롭게 하는 곳이기도 하다. 이곳은 단순한 하나의 관광지가 아니다.

본서가 로마 성지에 대해 보다 풍부하고 정확한 정보를 제공하며, 숨어 있는 성지의 보화들을 찾는 분들께 감동을 드린다면 큰 보람과 기쁨이 될 것이다.

'아는 것만큼 보인다'는 말이 있는데, 이제 보이는 만큼 사랑하게 될 것이다. 새롭게 로마를 알게 되면 달리 보일 것이고, 그만큼 로마가 사랑스럽게 감동으로 다가올 것이다.

"영원한 도시 로마"가 이제는 "영원한 순례지 로마"로 불리길 소망해 본다.

본서를 통하여 주님을 알지 못하는 이들에게 복음이 증거되고, 주님을 믿다가 낙심한 이들의 상처가 치유되며, 굳어지고 식어진 신앙이 새로워지기만을 소원한다.

글 쓰는 매 순간마다 성령 하나님께서 함께해 주셨다. 주님께 모든 영광을 돌린다.

"천국은 마치 밭에 감추인 보화와 같으니 사람이 이를 발견한 후 숨겨 두고 기뻐하며 돌아가서 자기의 소유를 다 팔아 그 밭을 사느니라"
마 13:44

2014년 로마에서
권순만, 한인성

추천사 1

　이탈리아의 수도 로마는 걸어 다니는 곳곳이 역사의 흔적입니다. 로마 제국은 패망한 후에도 르네상스와 바로크 시대를 통해 전 세계의 문화를 주도했으며, 세계의 종교와 역사도 로마를 빼놓고는 논하기 어렵습니다. 로마의 유명한 건축물과 그림과 조각, 예술품, 수많은 유적과 풍경들을 보면 인간의 한계를 넘어선 크기와 작품에 놀라울 따름입니다. 이런 기원 전부터 시작된 로마제국의 유적을 보기 위해서 전 세계의 수많은 사람들이 몰려듭니다. 이렇게 사람들이 많이 모이는 곳에 그리스도의 흔적과 성경의 이야기들로 가득한 로마가 참 좋습니다.

　본서에서 한인성, 권순만 선교사님은 지난 20년의 로마사역을 통해 찾은 로마의 숨은 보화들을 소개하고 있습니다. 특히 기독교의 박해를 무릅쓰고 그리스도의 복음을 전했던 바울과 베드로, 순교자들에 대한 복음의 흔적들은 순교를 각오하고 증인의 사명을 감당한 복음의 열정을 담고 있습니다.
　우리의 고행이 아닌 예수 그리스도로 믿는 믿음으로만 구원 받을 수 있는 것은 참행복입니다. 예수를 믿는다는 이유만으로 고통을 당했던 옛 선배들의 역사를 보며, 예수를 믿는 믿음은 우리의 수행이나 노력으로 얻어지는 것이 아님을 더욱 실감하게 됩니다. 예수를 믿음으로 구원받은 감격과 감사가 일상을 행복으로 이끌어 줍니다. 본서에서 소개하고 있는 로마의 숨은 보화들은 이런 복음의 값진 선물을 우리가 눈으로 직접 체험할 수 있도록 도와줍니다.

　본서는 로마 성지에 대한 풍성하고 바른 정보를 제공받기에 충분하며,

성경에서 전하고 있는 우리 믿음의 조상들의 복음의 흔적들을 보며 은혜의 길로 묵상하기에 훌륭한 안내서 역할을 하고 있습니다. 로마의 성지순례를 계획하고 계신 분들이나 로마에서 여행안내를 맡고 계신 분, 로마에서 잘 알려지지 않은 역사적인 흔적들을 찾아 헤매는 분들에게 이 책을 꼭 읽고 출발하기를 추천하며, 성지순례에서의 느낀 감동과 감격이 우리의 삶으로 이어지기를 바랍니다.

제98회 대한예수교장로회 총회장
김동엽 목사

추천사 2

"전제와 같이 내가 벌써 부어지고 나의 떠날 시각이 가까웠도다 나는 선한 싸움을 싸우고 나의 달려갈 길을 마치고 믿음을 지켰으니 이제 후로는 나를 위하여 의의 면류관이 예비되었으므로 주 곧 의로우신 재판장이 그 날에 내게 주실 것이며 내게만 아니라 주의 나타나심을 사모하는 모든 자에게도니라"딤후 4:6-8.

디모데후서는 바울의 옥중서신으로 알려져 있습니다. 즉, 이 말씀은 감옥에서 참수당할 것을 알면서 쓴 바울의 마음의 기록입니다. 본서는 이런 바울의 흔적과 순교지를 자세히 소개하고 있습니다. 우리는 바울이 참수당하기 직전에 머물렀던 교회를 방문하여 돌아올 수 없었던 가로수 길을 직접 걸어보며, 그 어떤 간증과 설교에서 맛볼 수 없었던 바울의 복음에 대한 열정과 감동을 느껴 봅니다.

로마는 카타콤이라는 기독교를 박해했던 시대의 유적지를 가지고 있는 동시에 기독교가 국교로 지정되어 그 찬란한 문화를 뽐내는 문화 유적지를 함께 보유한 아이러니한 곳입니다. 본서는 로마를 소개하는 일반책자에서 볼 수 없었던 다양한 시각의 안내와 설명이 담겨 있습니다. 성경에서만 볼 수 있었던 바울, 베드로, 제자들, 순교자들의 삶과 죽음을 실제로 볼 수 있어 그 감회가 새롭습니다. 복음을 위해 끝까지 달려간 순교자들의 교회를 방문하고, 교회 곳곳에 남아 있는 유물들과 성화는 우리의 믿음을 돌아보게 하며, 그 당시의 말씀의 흔적을 따라갈 수 있도록 안내해 줍니다. 마치 그 시대로 돌아가서 로마로 입성하는 배를 타고 바울과 함께하는 설렘을 경험할 수 있게 해 줍니다.

20여 년간 로마에서 사역하며 느꼈을 감동과 숨은 보화들을 이곳에서도 경험할 수 있게 해 주신 한인성, 권순만 목사님, 두 분의 선교사님께 감사할 따름입니다.

　본서를 통해서 성지순례의 의미가 더욱 풍성해지고, 예수님을 알지 못했던 많은 이들이 복음의 흔적을 통해서 예수님을 만나며, 과거의 역사로만 알고 있었던 사실들을 실제 눈으로 목격하는 것과 같은 황홀한 감격과 감동이 이어지길 기도합니다.

명성교회 담임목사
김삼환 목사

책머리에 _ 4
추천사 1 _ 10   추천사 2 _ 12
구역별 도보순례 _ 16

첫 번째 보화 – 바울의 발자국
1. 바울의 로마 압송 – 그레데, 멜리데, 수라구사, 레기온 / 26
2. 이탈리아 본토 도착 – 보디올, 압비오 저자, 삼관 / 30
3. 로마 입성 – 아피아 가도 / 34

두 번째 보화 – 바울의 셋집과 가내교회
1. 바울의 1차 투옥^{가택 연금}
   1) 산 파올로 알라 레골라 교회 _ 3구역 / 45
   2) 산타 마리아 인 비아 라타 교회 _ 3구역 / 48
2. 로마의 가내교회들
   1) 푸덴지아나 교회 _ 1구역 / 56
   2) 프라세데 교회 _ 1구역 / 64
   3) 빈콜리 교회 _ 1구역 / 68

세 번째 보화 – 바울의 순교지
1. 바울의 2차 투옥 – 마메리티눔 감옥 _ 2구역 / 74
2. 바울의 순교지 – 뜨레 폰타네 참수터 _ 6구역 / 81
3. 바울의 무덤 – 성 바울 대교회 _ 6구역 / 90

네 번째 보화 – 베드로의 발자취
1. 주여, 어디로 가시나이까? – 쿼바디스 도미네 교회 _ 7구역 / 98
2. 베드로의 순교지 – 산 피에트로 인 몬토리오 교회 _ 5구역 / 103
3. 베드로의 무덤 – 성 베드로 대교회, 시스티나 예배당 _ 4구역 / 107

다섯 번째 보화 – 제자들의 무덤
1. 빌립, 야고보(소)의 무덤 – 거룩한 사도들의 교회 _ 3구역 / 130
2. 바돌로매 무덤 – 성 바르톨로메오 교회 _ 5구역 / 138
3. 열 두 제자들 – 성 요한 대교회 _ 2구역 / 145

차 례

여섯 번째 보화 – 순교자들의 피
  1. 순교자들의 순교터 – 대전차 경기장 _ 2구역 / 158
  2. 순교자들의 안식처
    1) 칼리스토 카타콤 _ 7구역 / 163
    2) 세바스티아노 카타콤 _ 7구역 / 168
  3. 순교자들의 피
    1) 성 스테파노 로톤도 교회 _ 2구역 / 174
    2) 순교자와 천사들의 성모 마리아 교회 _ 1구역 / 178
    3) 순교자들의 무덤들 / 180

일곱 번째 보화 – 예수님의 흔적
  1. 십자가, 못, 죄패, 가시조각들 – 예루살렘의 성 십자가 교회 _ 2구역 / 186
  2. 구유 – 대 성모 마리아 교회 _ 1구역 / 195
  3. 빌라도 법정 계단 – 성 계단 교회 _ 2구역 / 201

여덟 번째 보화 – 성인들의 길
  1. 성녀 아네제 – 나보나 광장 _ 3구역 / 208
  2. 성녀 체칠리아 – 산타 체칠리아 교회 _ 5구역 / 215
  3. 성녀 모니카 – 성 어거스틴 교회 _ 3구역 / 218
  4. 성 베네딕토 – 수비아코 베네딕토 수도원 _ 8구역 / 222
  5. 성 프란체스코 – 아씨시 _ 8구역 / 233

아홉 번째 보화 – 개혁자들의 정신
  1. 왈도 – 발데제 교회 _ 4구역 / 246
  2. 조르다노 브루노 – 캄포 데이 피오리 광장 _ 3구역 / 254

에필로그_

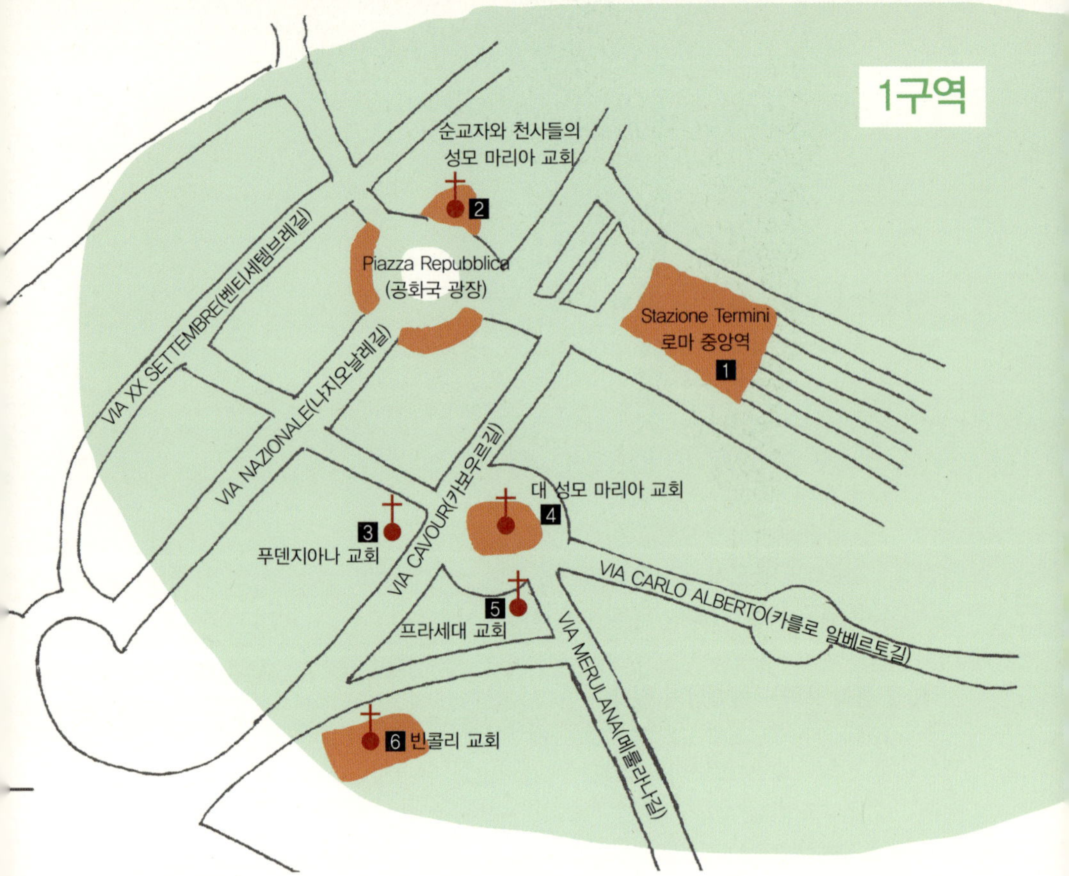

1구역

지도

- 순교자와 천사들의 성모 마리아 교회 ②
- Piazza Repubblica (공화국 광장)
- Stazione Termini 로마 중앙역 ①
- VIA XX SETTEMBRE(베티세템브레길)
- VIA NAZIONALE(나지오날레길)
- VIA CAVOUR(카보우르길)
- 푸덴지아나 교회 ③
- 대 성모 마리아 교회 ④
- 프라세데 교회 ⑤
- VIA CARLO ALBERTO(카를로 알베르토길)
- VIA MERULANA(메룰라나길)
- 빈콜리 교회 ⑥

구역별 도보순례

| 로마 중앙역 Stazione Termini | 순교자와 천사들의 성모 마리아 교회 178쪽 | 푸덴지아나 교회 56쪽 | 대 성모 마리아 교회 195쪽 | 프라세데 교회 64쪽 | 빈콜리 교회 68쪽 |

도보 3분 · 7분 · 5분 · 1분 · 10분

 ⑥    ②    ③    ⑤    ④

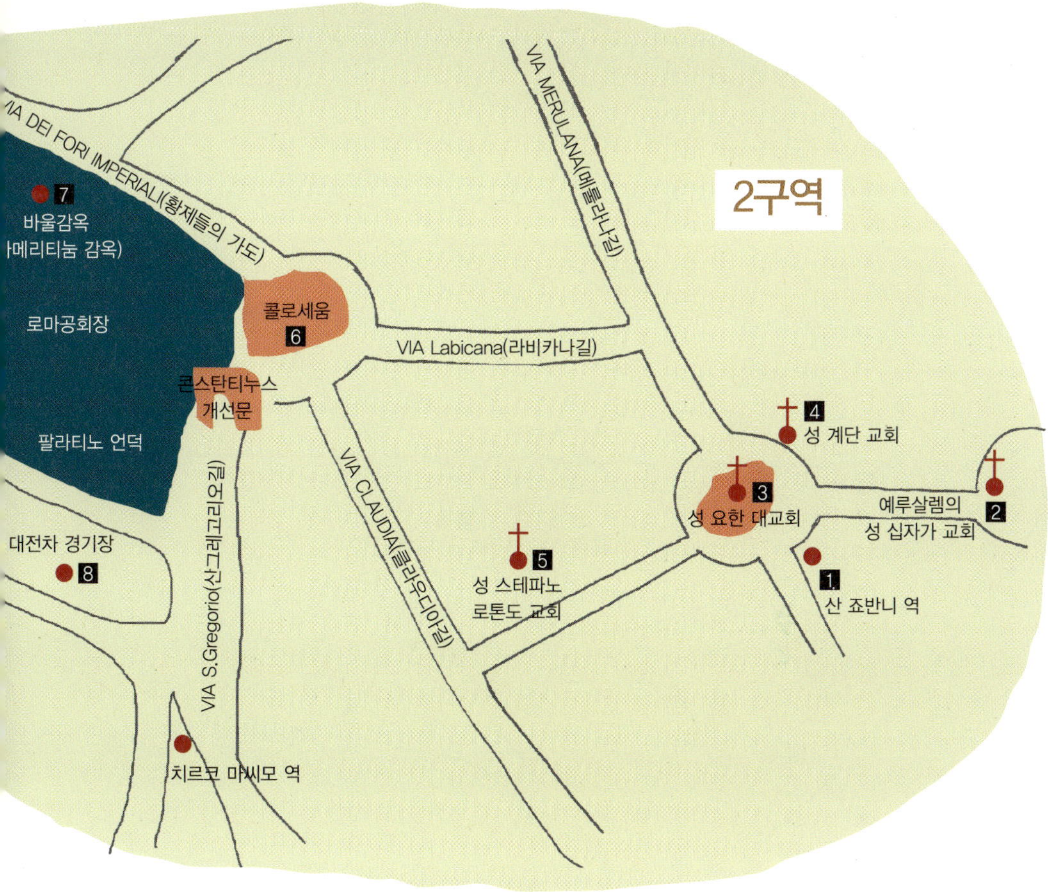

2구역

- VIA DEI FORI IMPERIALI(황제들의 가도)
- 7 바울감옥 (메리티눔 감옥)
- 로마공회장
- 팔라티노 언덕
- 콜로세움 6
- 콘스탄티누스 개선문
- VIA Labicana(라비카나길)
- VIA MERULANA(메룰라나길)
- 4 성 계단 교회
- 3 성 요한 대교회
- 예루살렘의 성 십자가 교회 2
- VIA CLAUDIA(클라우디아길)
- 5 성 스테파노 로톤도 교회
- 1 산 죠반니 역
- 대전차 경기장 8
- VIA S.Gregorio(산그레고리오길)
- 치르코 마씨모 역

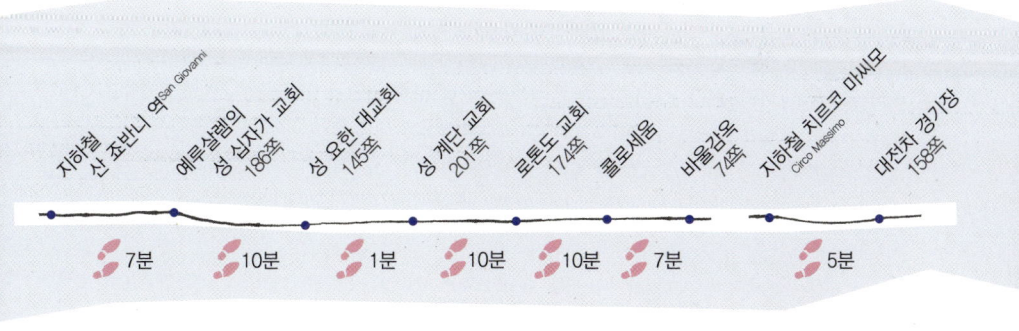

지하철 산 죠반니 역 San Giovanni → 예루살렘의 성 십자가 교회 186쪽 → 성 요한 대교회 145쪽 → 성 계단 교회 201쪽 → 로톤도 교회 174쪽 → 콜로세움 → 바울감옥 74쪽 → 지하철 치르코 마씨모 Circo Massimo → 대전차 경기장 158쪽

7분 · 10분 · 1분 · 10분 · 10분 · 7분 · 5분

구역별 도보순례 17

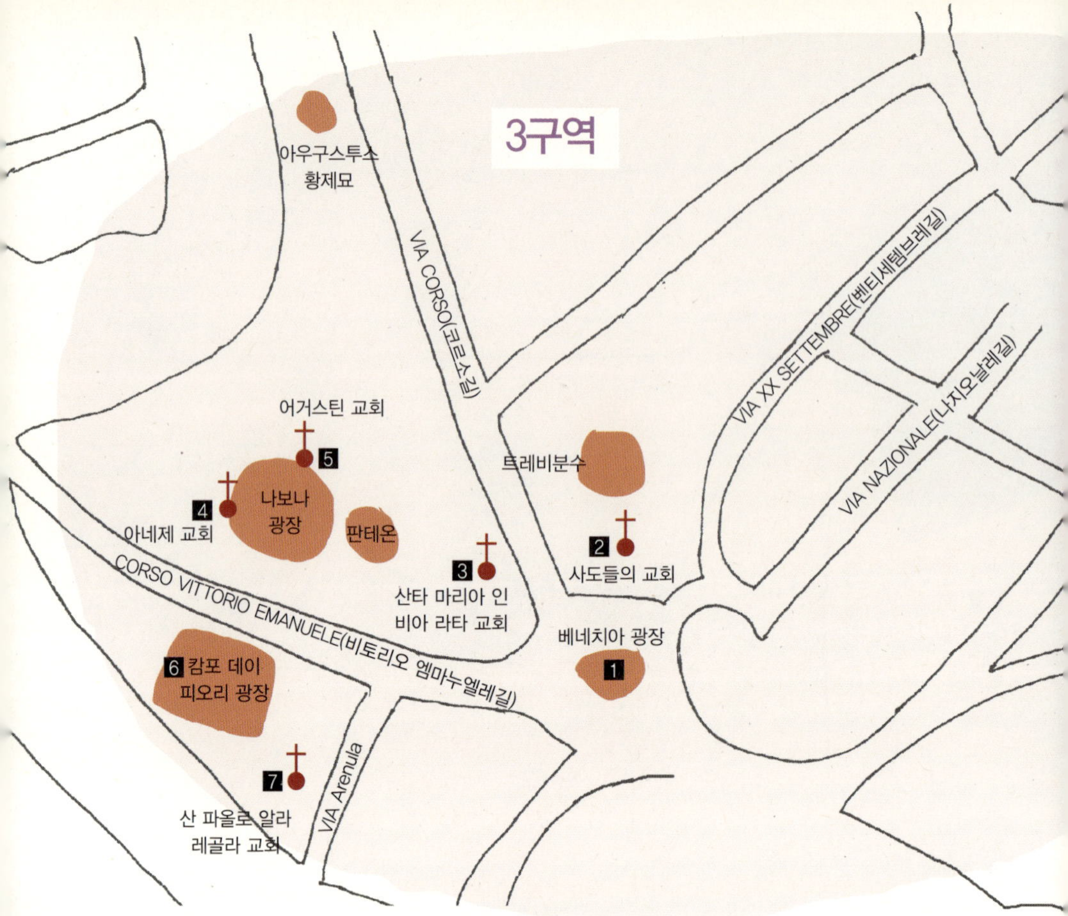

3구역

지도 내 표기:
- 아우구스투스 황제묘
- VIA CORSO(코르소길)
- 어거스틴 교회 ⑤
- 트레비분수
- VIA XX SETTEMBRE(벤티세템브레길)
- VIA NAZIONALE(나지오날레길)
- ④ 아네제 교회
- 나보나 광장
- 판테온
- ③ 산타 마리아 인 비아 라타 교회
- ② 사도들의 교회
- ① 베네치아 광장
- CORSO VITTORIO EMANUELE(비토리오 엠마누엘레길)
- ⑥ 캄포 데이 피오리 광장
- VIA Arenula
- ⑦ 산 파올로 알라 레골라 교회

베네치아 광장 Piazza Venezia → 사도들의 교회 130쪽 → 산타 마리아 인 비아 라타 교회 48쪽 → 나보나 광장(산 아녜제 교회) 208쪽 → 어거스틴 교회 218쪽 → 캄포 데이 피오리 광장 252쪽 → 산 파올로 알라 레골라 교회 45쪽

도보 3분 · 3분 · 10분 · 1분 · 10분 · 5분

②

⑦

④

③

⑤

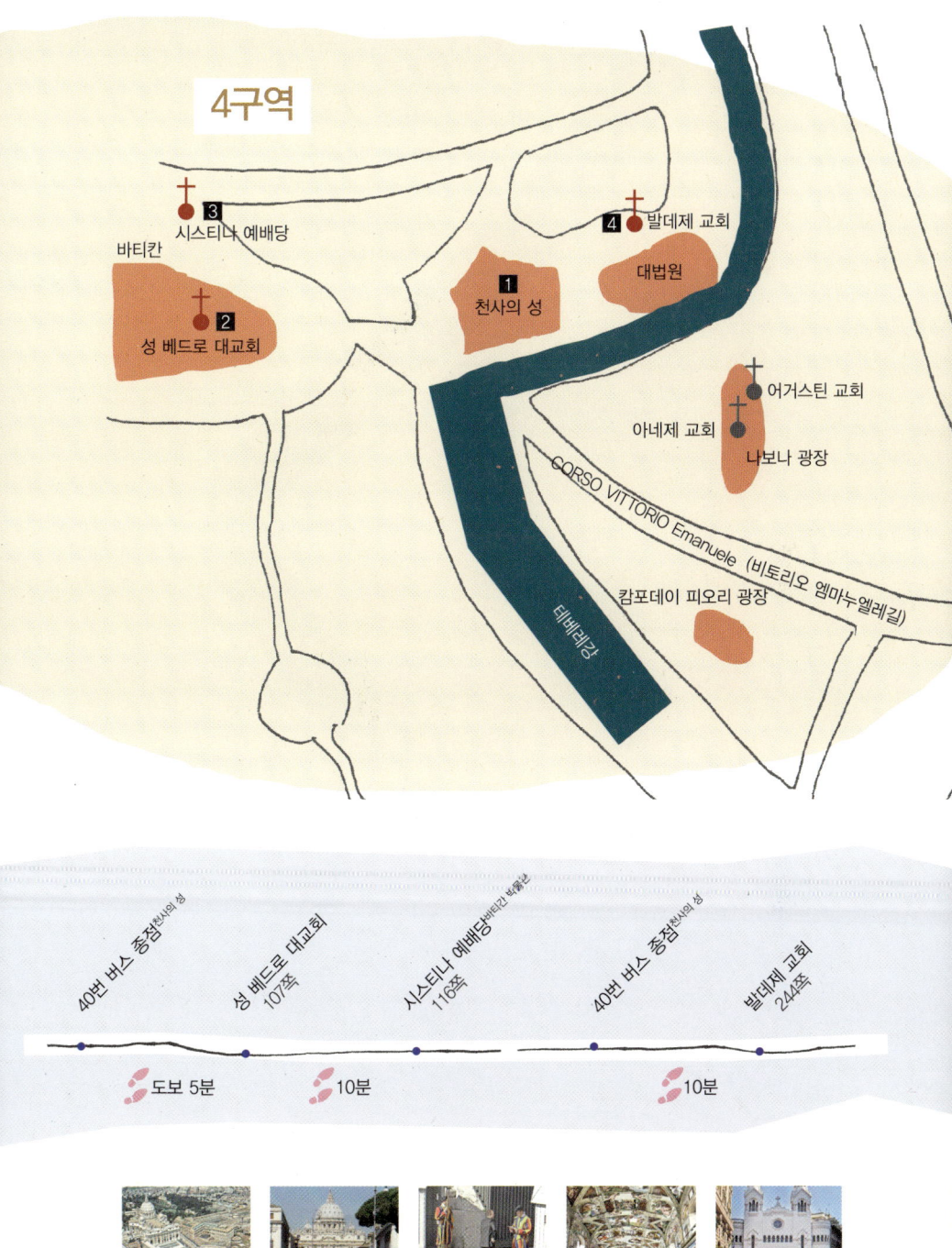

구역별 도보순례

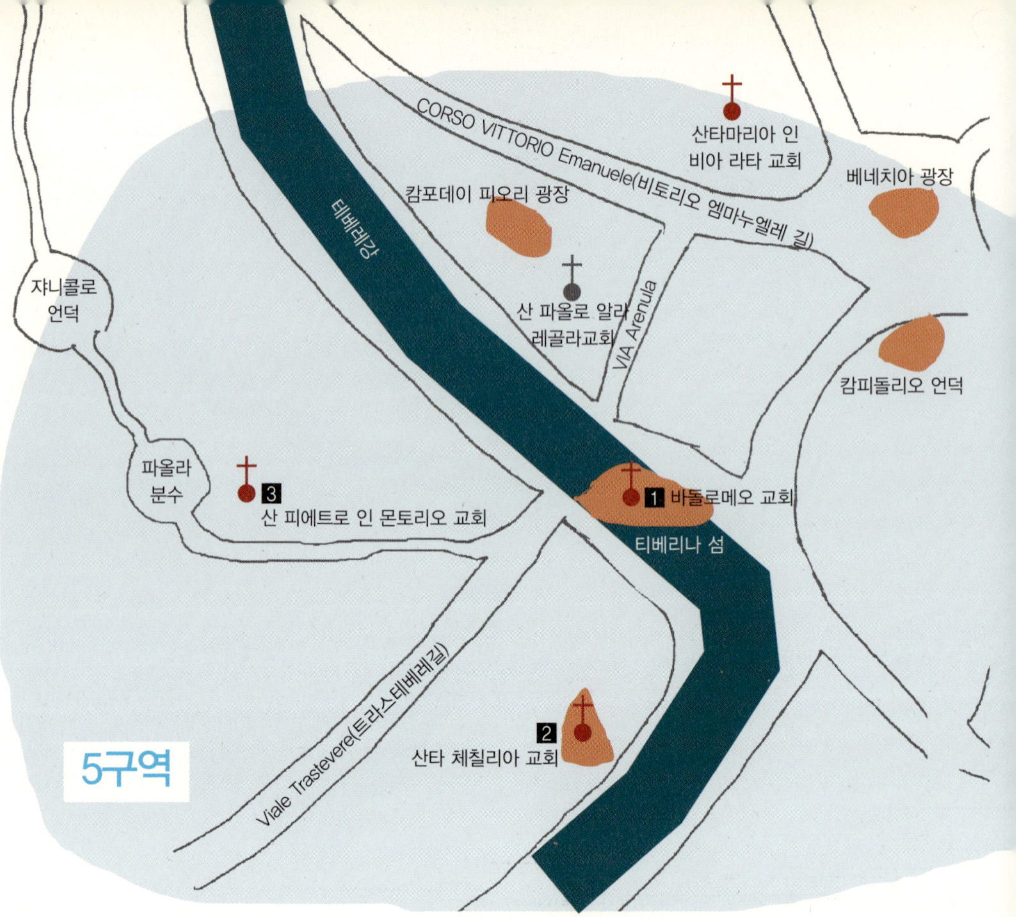

5구역

지도상의 위치:
- 산타마리아 인 비아 라타 교회
- 베네치아 광장
- 캄포 데이 피오리 광장
- CORSO VITTORIO Emanuele(비토리오 엠마누엘레 길)
- 티베레강
- 쟈니콜로 언덕
- 산 파올로 알라 레골라교회
- VIA Arenula
- 캄피돌리오 언덕
- 파올라 분수
- ③ 산 피에트로 인 몬토리오 교회
- ① 바돌로메오 교회
- 티베리나 섬
- Viale Trastevere(트라스테베레길)
- ② 산타 체칠리아 교회

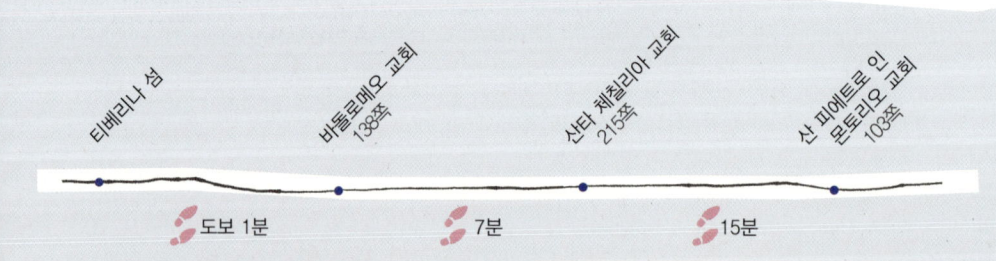

| 티베리나 섬 | 바돌로메오 교회 138쪽 | 산타 체칠리아 교회 215쪽 | 산 피에트로 인 몬토리오 교회 103쪽 |

도보 1분 — 7분 — 15분

로마교회 이야기

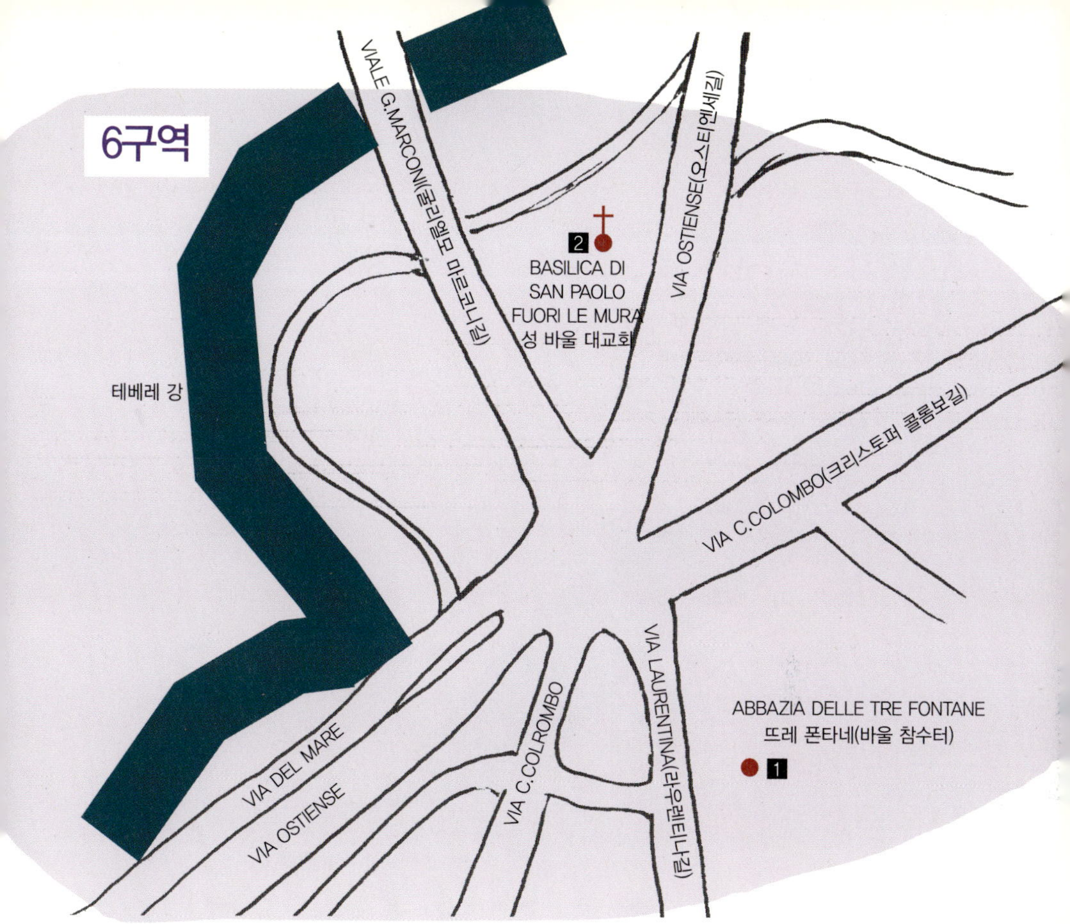

6구역

테베레 강

BASILICA DI SAN PAOLO FUORI LE MURA
성 바울 대교회

VIALE G.MARCONI(굴리엘모 마르코니길)
VIA OSTIENSE(오스티엔세길)
VIA C.COLOMBO(크리스토퍼 콜롬보길)
VIA DEL MARE
VIA OSTIENSE
VIA C.COLROMBO
VIA LAURENTINA(라우렌티나길)

ABBAZIA DELLE TRE FONTANE
뜨레 폰타네(바울 참수터)

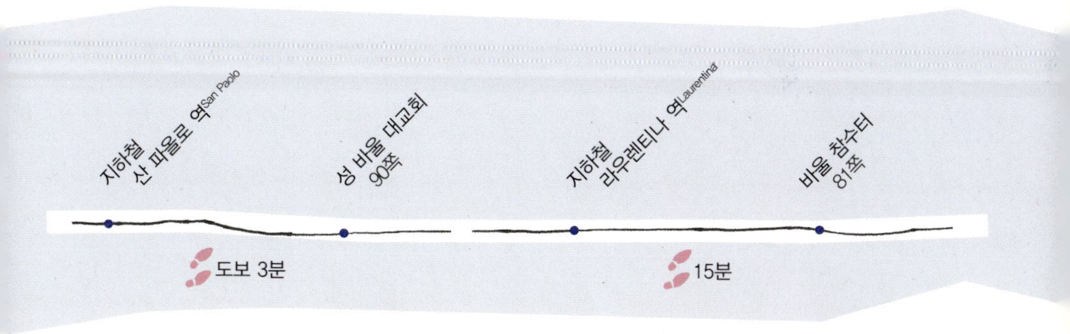

지하철 산 파올로 역 San Paolo — 도보 3분 — 성 바울 대교회 90쪽 — 지하철 라우렌티나 역 Laurentina — 15분 — 바울 참수터 81쪽

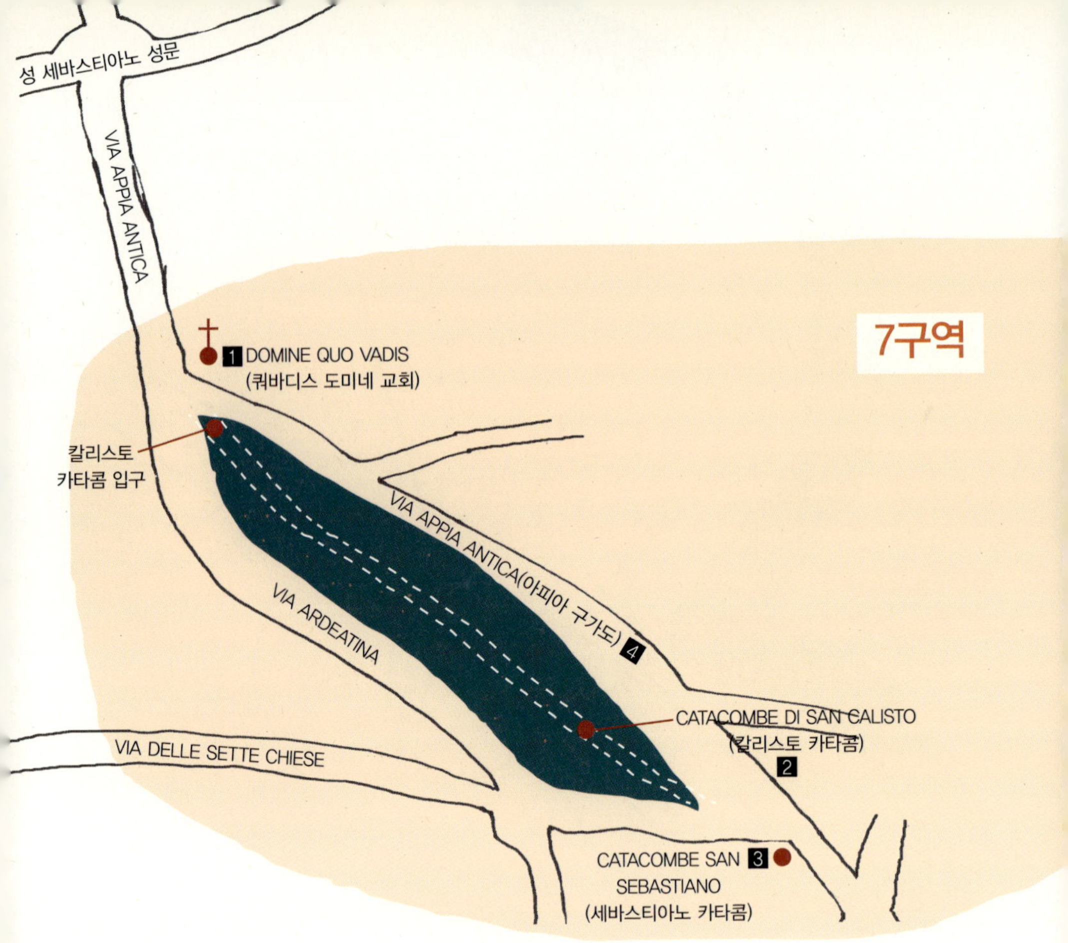

7구역

- **1** DOMINE QUO VADIS (쿼바디스 도미네 교회)
- 칼리스토 카타콤 입구
- VIA APPIA ANTICA
- VIA APPIA ANTICA(아피아 구가도) **4**
- VIA ARDEATINA
- VIA DELLE SETTE CHIESE
- CATACOMBE DI SAN CALISTO (칼리스토 카타콤) **2**
- CATACOMBE SAN SEBASTIANO **3** (세바스티아노 카타콤)
- 성 세바스티아노 성문

2구역 성 요한 대교회 앞 버스 종점에서 218번 승차 → 쿼바디스 도미네 교회 98쪽 → 칼리스토 카타콤 163쪽 → 세바스티아노 카타콤 168쪽 → 아피아 가도 34쪽

🚇 지하철 A선 Piramide역 앞 버스 118번 승차 — 🚌 20분 — 👣 15분 — 👣 7분 — 👣 15분

8구역

- Perugia (페루지아)
- 성 프란체스코 교회
- 에레모 은둔소
- 끼아라 교회
- 다미아노수도원
- 아씨시 2
- Mare Adriatico (아드리아티코 해)
- 고속도로
- 국도
- A1 고속도로
- Civitavecchia (치비타베키아)
- Terni (테르니)
- Aquila (아퀼라)
- Pescara (페스카라)
- A24
- 1 수비아코 베네딕토 수도원
- A25
- Mare Tirreno (티레노 해)
- Roma (로마)
- Tivoli (티볼리)
- Latina (라티나)
- A1 고속도로

| 로마 | 수비아코 베네딕토 수도원 222쪽 | 로마 | 성 프란체스코 교회 233쪽 | 끼아라 교회 238쪽 | 다미아노 수도원 239쪽 | 에레모 은둔소 239쪽 |

🚗 1시간
🚇 지하철 B선 Ponte Mammolo 역 앞에서 버스편 수비아코까지 1시간 10분, 이후 수도원까지 택시로 10분, 도보는 50분

🚗 2시간 30분
🚆 레지오날레 기차로 2시간40분. 역에서 도시까지 버스로 20분
👣 15분
👣 15분
🚌 10분
👣 50분

1
첫 번째 보화
바울의 발자국

바울의 로마 압송

그레데, 멜리데, 수라구사, 레기온

이탈리아 본토 도착

보디올, 압비오 저자, 삼관

로마 입성

아피아 가도

바울의 발자국

1. 바울의 로마 압송 – 그레데, 멜리데, 레기온, 수라구사

"너희가 로마 시민 된 자를 죄도 정하지 아니하고 채찍질할 수 있느냐?"[행 22:25]

백부장을 향한 바울의 이 한마디는 로마 황제 가이사를 향한 상소로 이어졌다. 이로써 '로마도 보아야 하리라'[행 19:21] 했던 바울의 소망은 실현되어, 비록 죄수로 호송되는 길이긴 했지만 로마 전도 여정이 시작되었다.

바울은 로마가 아닌 길리기아[터키] 다소 지방에서 출생하였다. 그런데 그는 나면서부터 로마 시민이 되었다고 말한다.[행 22:28]

바울의 로마 전도여행 행로

아마도 그의 부친은 로마인은 아니었지만 로마 시민권을 취득한 자인 듯하다. 당시 로마는 소수만 시민권을 가지고 있던 아테네와는 달리 시민권에 대해 개방적이었다. 속주국 백성이라 하더라도 국가에 공을 세우는 등 특별한 경우에 따라 시민권을 부여하였으며, 이 시민권은 세습되기도 했고 금전으로 취득되기도 했다. 바울을 심문하였던 천부장도 많은 돈을 들여 시민권을 얻었노라고 말하고 있다.[행 22:28] 로마시민의 특권은 로마가 거대한 제국으로 발전하면서, 더욱 위상이 높아졌고 많은 혜택이 주어졌다. 특별히 로마시민은 재판 없이 구금, 투옥되지 않았고 채찍질당하지 않을 수 있었다. 그 때문에 바울이 로마시민권자란 말을 하자 심문하려던 사람들이 물러가고 천부장은 그를 결박한 것 때문에 두려워했던 것이다.[행 28:29]

바울은 본래 유대인으로 기독교인들을 박해하며 옥에 넘기고 죽이기까지 했던 사람이었다. 그런 그가 다메섹으로 기독교인을 박해하러 가던 길에서 환상 중에 나타나신 예수님을 만나고 회심하여 예수님을 구원자로 선포하는 복음 증거자로 변하였다. 3차 전도여행을 마치고 예루살렘으로 돌아온 바울을 기다리고 있던 것은 유대인들의 고소였다. 유대인들은 바울이 자신의 민족과 율법과 성전을 비방하며 사람들을 가르치고 이방인을 데리고 성전에 들어가 거룩한 곳을 더럽혔다고 고발하였다.[행 21:28] 그들은 바울이 전염병과 같은 자요, 천하에 흩어진 유대인을 다 소요하게 하는 자요, 나사렛 이단의 우두머리라 하였다.[행 24:5] 어찌나 흥분했는지 유대인들 중에서는 바울을 죽이기 전에는 먹지도 않고 마시지도 않겠다고 맹세한 무리가 있었을 정도였다.[행 23:12]

바울이 로마 시민이란 것을 알게 된 천부장은 바울을 보호하여 유대 총독 벨릭스에게 인도하였다. 그러나 벨릭스는 유대인의 눈치를 보며 바울을 2년 동안 구류하기만 하였다.[행 24:27] 이 후 새로 부임한 베스도 총독에 의해 바울은 재심문을 받았다. 이때 바울이 로마 황제 가이사에게 상소하는 초강수를 둔다.^{행 25 : 11} 사도행전 26장 32절은 이 재판의 결론을 이렇게 말한다. "이 사람이 만일 가이사에게 상소하지 아니하였더라면 석방될 수 있을 뻔하였다." 그러나 바울은 로마와 땅 끝까지 복음전파를 위해 죄수의 신분을 아랑곳하지 않았다. "우리가 배를 타고 이탈리아에 가기로 작정되었다"^{행 27 : 1} 죄수 바울을 태운 배의 첫 기착지는 루기아의 무라성이었다. 그곳에서 바울은 백부장에 의해 이탈리아행 알렉산드리아 배로 옮겨 타게 되는데 배가 천천히 가서 여러 날 만에 겨우 그레데 연안 미항에 도착하게 되었다.

그레데는 오늘날 그리스 남방 지중해에 있는 동서 190km의 '크레타^{Creta}'라 불리는 섬으로 기후가 좋고 땅이 비옥하여 현재도 유대인들이 많이 살고 있는 지역이다. 미항도 이 섬 최남단에 위치한 '칼로이 리메네스^{Kaloi Limenes}'라 불리는 항구이다.

바울이 탄 배는 미항을 떠나 항해하는 중 이번에는 '유라굴라'라는 풍랑을 만나게 된다. 그 규모가 얼마나 컸던지 배가 바람에 따라 밀려다녔고, 배를 가볍게 하고자 짐을 모두 바다에 던지는 상황이 되었다. 사흘째 되는 날에는 배의 장비조차 다 버려야 했으며, 풍랑의 기운이 여러 날 지속되어 살아날 가망이 없는 지경에까지 이르렀다. 배가 완전히 난파된 상태에서 열나흘이 지나서야 겨우 해안에 상륙하였는데 그 섬의 이름은 멜리데였다. 오늘날의 지명 이름은 몰타^{Malta} 섬으로 시칠리아 남쪽 95km 지점에 위치한다. 그곳 원주민들은 불을 피워 바울 일행을 따뜻하게 영접하였다. 바울은 이곳에서 열병과 이질로 누워 있는 추장 보블리오의 부친을 기도하고 안수하여 낫게 하였고 이 소식을 듣고 몰려온 마을 병자들도 고침을 받았다.^{행 28 : 1 10} 바울 일행은 원주민들의 후한 대접을 받으며 3개월

사도 바울 입항 기념비 　　　　　사도 바울이 입항하였던 보디올 항구

머물다가 겨울이 지난 후 시칠리아의 수라구사^{오늘날 지명:시라쿠사}로 출발했다.
　수라구사에 도착한 바울 일행은 3일간 이곳에 머물렀다. 수라구사는 당시 그리스 쪽에서 오는 모든 배들이 정박하는 항구도시로 일찍이 헬레니즘 문물이 들어왔으며, 고대 그리스 철학자 아르키메데스가 거주한 곳이다. 바울의 배가 수라구사를 떠나 도착한 곳은 레기온으로 오늘날의 지명은 렛지오^{Reggio}이다. 이곳은 장화 모양인 이탈리아 반도의 장화코끝에 위치하는 매우 큰 도시로 피타고라스 철학의 중심지이기도 하였는데 바울 시대에는 그리스의 식민지였다. 성경에는 바울 일행이 탄 배가 하루 쉬어 갔다고 기록하고 있다.

2. 이탈리아 본토 도착 – 보디올, 압비오 저자, 삼관

1) 보디올

"어떻게 하든지 이제 하나님의 뜻 안에서 너희에게로 나아갈 좋은 길 얻기를 구하노라 그러므로 나는 할 수 있는 대로 로마에 있는 너희에게도

복음 전하기를 원하노라"^{롬 1:10, 15}

바울이 레기온을 떠나 망망한 지중해를 거쳐 이탈리아 본토에 도착한 곳은 바로 보디올이다. 오늘날 지명은 나폴리 서쪽 11km 지점의 폿주올리^{Pozzuoli}이다. 바울은 카프리 해안을 지나 이곳 항구에 상륙하였다.

오늘날 그가 건너왔던 지중해는 검푸른 물결 그대로지만 그가 지나간 흔적은 전혀 남아 있지 않다. 단지 항구 앞쪽에서 보이는 교회에 세워진 4개의 기념물이 이를 말해 주고 있을 뿐이다. 이 교회 뒤편 벽 가운데 있는 부조물은 1991년에 만들어진 바울의 입항 장면이고, 왼쪽은 1918년에 만들어진 바울 비망기념판, 오른쪽은 지난 1990년에 이곳을 찾은 교황 요한 바오로 2세의 방문기념판이다. 그리고 작은 비석이 하나 서 있는데 2000년에 이곳 지역 주교 실비오가 세운 것이다. 이 청동 비문에는 사도행전 28장 11~14절 말씀이 기록되어 있다.

"석 달 후에 우리가 그 섬에서 겨울을 난 알렉산드리아 배를 타고 떠나니 그 배의 머리 장식은 디오스구로라 수라구사에 대고 사흘을 있다가 거기서 둘러가서 레기온에 이르러 하루를 지낸 후 남풍이 일어나므로 이튿날 보디올에 이르러 거기서 형제들을 만나 그들의 청함을 받아 이레를 함께 머무니라 그래서 우리는 이와 같이 로마로 가니라"^{행 28 : 11-14}

보통 사람들은 바울의 기념물이 부착되어 있는 이 교회를 바울 기념교회로 소개하곤 하는데 이것은 착각이고 실상 이 교회는 바울과는 전혀 관계가 없는 16세기에 세워진 은혜의 성모 마리아 교회^{Chiesa Santa Maria delle Grazie}이다.

보디올에는 로마에서 내려온 믿음의 형제들이 바울을 마중 나와 있었다. 바울은 이곳에서 그들과 7일간 머물다 로마로 떠난다.

풋주올리^{보디올}는 작은 샘, 온천이라는 뜻이 있으며 실제로 이 지역은 아직도 유황가스가 솟아나오고 있다. 이 도시는 BC 6세기경에 그리스의 식민도시로 세워져 중요한 항구도시로 발전하였다. AD 1세기 베스파시아누스 황제 치하 때 세워진 거대한 원형극장이 지금도 거의 완벽하게 보전되어 있다. 이 가공할 만한 규모는 당시 40,000석으로 거의 콜로세움과 맞먹는 크기였다.

풋주올리는 나폴리 근교에 위치하고 있음에도 불구하고 나폴리를 찾는 여행자들은 많지만 이곳을 찾는 이들은 거의 없다. 기독교인들에게조차 잘 알려져 있지 않다는 이유도 있고, 교통편도 좋지 않아 승용차를 이용한다 하더라도 왕복 1시간 이상 소요되기 때문에 나폴리와 폼페이 유적 방문만도 여유가 없는 상황에서 이곳에 시간을 할애한다는 것은 그리 쉬운 일이 아니다. 무엇보다 가더라도 볼 수 있는 것은 최근에 세워진 바울의 입항기념비뿐이기에 애써 온 보람이 크지 않다. 그러나 성지 순례자라면 나폴리를 포기하고 이곳을 간다 하더라도 결코 후회하지 않을 것이다. 왜냐하면 "나폴리를 보고 죽으라"는 세계 3대 미항 나폴리를 보고 나면 밀려오는 것은 실망감뿐이지만 풋주올리에 가면 2000년 전 입항한 그 당시 바울의 모습과 감동이 검푸른 지중해를 통해 가슴 벅차게 가득 밀려올 것이기 때문이다.

2) 압비오 저자^{Foro Appia - 아피아 광장}

바울이 보디올을 떠나 아피아 가도를 따라 도착한 곳은 압비오 저자^{아피아 광장}였다. 이곳은 로마에서 동남쪽 약 64km 지점에 위치한 유명한 광장이다. 이곳까지 믿음의 형제들이 바울을 맞으러 출영하였다.^{행 28:15} 로마에는 이미 유대교에서 신흥 종교 기독교로 개종한 신자들이 꽤나 있었다.

그들은 바울이 곧 도착할 것이라는 소식을 먼저 보디올에 마중 나갔던 신자들을 통해 들었을 것이다. 이 소식을 듣고 그들은 로마에서만 기다릴 수 없었다. 그래서 로마의 그리스도인들은 압비오 광장까지 바울을 미리 만나러 달려온 것이다.

오늘날에는 아무런 것도 남아 있지 않고 단지 바울을 지켜보았을 산과 들만이 당시를 말해 주고 있다. 그나마 오늘날의 지명인 보르고 화이띠Borgo Faiti라는 팻말이 이 지역을 알려 주고 있을 뿐이다.

3) 삼관뜨레 타베르네 - Tre Taverne

로마에서 남쪽으로 49km 지점, 비아 아피아 도상의 중간 지점에 위치하고 있는 삼관은 3개의 여관이란 뜻으로 당시 많은 여행자들이 거쳐간 곳이다. 오늘날 지명은 치스테르나 디 라티나Cisterna di Latina이다.

성경에는 이곳까지 마중 나온 믿음의 형제가 있었음을 말하고 있다.

오늘날의 압비오 저자 지역인 보르고 화이띠

바울의 발자국 33

보디올에서의 첫 번째 환영단에 이은 두 번째 환영단이 압비오 저자와 삼관에서 바울을 만난 것이다. 당시 압송 과정에 드는 비용이나 또한 로마의 믿음의 형제들이 이곳까지 출영한 것을 보면 바울은 이미 로마에까지 명성이 난 신흥종교 지도자였음이 분명하다.

갇혔던 감옥에 땅이 터지며 옥문이 열려 풀려 난 사건, 바울이 쓰던 손수건만 닿아도 병이 나았던 사건, 난간에서 졸다가 떨어져 죽은 유두고를 살린 사건 등 이런 놀라운 일들이 순식간에 로마 도로망을 타고 이곳 로마까지 전달되었을 것이다.

로마로 압송당하는 바울의 모습은 죄수가 아니라 마치 열렬히 맞이하는 군중 속에 당당히 입성하는 개선장군과 같았다. 바울은 이탈리아 성도들의 환영에 감사를 표했다. 성경은 바울이 이곳까지 출영 나온 믿음의 형제들을 보고 하나님께 감사드리고 담대한 마음을 얻었다고 전한다.

아무리 바울이 로마시민권자로 황제에게 상소하기 위해 왔다고 하지만, 아마도 압송당하는 바울의 마음 한켠에도 적잖은 두려움과 걱정이 있었음을 읽을 수 있다. 그러나 그는 대대적인 환영단을 보고 큰 힘과 위로로 덧입은 것이다.

3. 로마 입성 – 아피아 가도 Via Appia Antica

"모든 길은 로마로 통한다" All roads lead to Rome. 이 말은 로마제국의 대 도로망을 두고 회자되는 말이다. 4세기 이상을 유지한 팍스 로마나 Pax Romana는 정복과 도시건설에 이은 도로망 구축에서 그 비결을 찾을 수 있다. 오늘날 고속도로와 같은 도로망은 속주국들의 통치를 신속, 수월하게 했을 뿐만 아니라 문화와 경제의 네트워크도 원활하게 이루어 냈다. 이 도로야말로 오늘날 인터넷과 같은 역할을 한 것이다.

로마는 기원전 4세기 집정관 아피우스에 의해 세계 최초로 포장된 도로를 건설하였는데, 이 도로가 바로 '아피아 가도'이다. 이 도로는 로마의 산 세바스티아노 문에서 이탈리아 남부 브린디시까지 장장 550km가 넘는 도로로 당시 군사용으로 건설되었다. 로마는 주변 국가들을 계속 정복하면서 이러한 도로를 확장시켰는데, 기원 후 2세기 로마 최대 영토 확장 시기에는 북아프리카 지역과 팔레스타인으로부터 브리타니아에 이르는 전 영토를 1주일 만에 주파할 수 있었다고 한다. 이는 좀 과장된 이야기인 듯하지만 그만큼 로마의 도로망은 놀라운 속도력을 갖고 있었다.

도로를 건설할 때에는 먼저 일정의 땅을 판 다음 자갈을 채우고 그 위에 모래를 덮은 다음, 끝으로 다듬어진 돌 조각을 넓적하게 잘라 깔았다. 최종 틈새를 화산재로 메워 마무리하였고 옆에 배수로까지 설치하였다. 이것은 오늘날의 고속도로와 같았으며, 이 도로망은 로마제국 전 영토를 연결시켰다. 그래서 어느 길을 따라 오든지 반드시 7개 주요 도로망을 따라 로마를 통과하게 되어 있었다. "모든 길은 로마로 통한다"라는 말은 바로 여기서 기인되었으며 나중에 이 말은 정치, 경제, 문화의 모든 분야에 있어 유럽의 중심 역할을 하게 된 로마를 지칭하는 말이 되었다.

아피아 가도는 오늘날에도 국도로 이용되고 있으며, 아피아 안티카^{아피아 구가도}로 표시되어 있는 도로는 옛 로마 당시의 모습을 아직도 그대로 간직하고 있다. 잘 포장되어 있는 도로는 고대 로마제국의 영광을 드러내고 있고, 주변에 널려 있는 비석들은 당시 로마인들의 삶을 생생이 이야기해 주는 듯하다. 또한 도로 옆으로 늘어서 있는 노송들과 사이프러스 나무들도 로마의 숨결을 그대로 뿜어내고 있다.

고대 아피아 도로

한 폭의 그림과 같은 아피아 가도의 목가적인 풍경은 예술가들의 시심을 흔들어 시인들에게는 한편의 시를, 음악가들에게는 아름다운 선율의 곡을, 그리고 미술가들에게는 한 폭의 수채화를 제공해 주었다. 무엇보다 도로 위에 선명히 남아 있는 수레바퀴 자국은 고대 로마의 모든 역사를 간직한 채 오늘날 사람들을 타임머신에 태워 로마 시대로 데려다 줄 것만 같다.

그리고 무엇보다 이곳은 로마로 압송되어 오던 사도 바울의 모습과 베드로가 로마의 박해를 피해 빠져나가던 모습을 아련하게 그려 주기도 하고, 복음 앞에서 당당했던 바울의 발자국과 대면해 주기도 한다.

곁/길/ 아피아 가도 비석 이야기

로마인들은 '인간'이란 말 대신 '죽어야 할 자'란 표현을 즐겨 썼다. 보통 묘지는 도시에서 멀리 떨어진 곳에 만들지만 로마인들은 도시 가까이에 묘지를 만들었으며, 성 안에는 무덤을 쓸 수 없었기 때문에 성 밖 시작점의 대로 양쪽으로 무덤을 쓰기 시작하였다. 이렇게 길가에 무덤을 만든 것은 죽은 뒤에도 외롭지 않게 살아 있는 사람들이 지나다니는 곳에 있고 싶었기 때문이다. 그런데 이 무덤들은 오히려 오고가는 나그네들의 좋은 휴식 공간을 마련해 주었다. 묘비 중에는 아래와 같은 글들이 새겨져 있다.

로마 캄포 체스티오(개신교인들의 묘지)의 무덤

"거기 지나가는 길손이여, 이리 와 잠시 쉬었다 가시게. 고개를 옆으로 흔들고 있군. 쉬고 싶지 않은가? 하지만 언젠가는 그대도 여기에 들어올 몸이란 것을 잊지 말게."

"행운의 여신은 모든 이에게 모든 것을 약속한다. 그러나 약속이 지켜진 적은 한 번도 없다. 그러니 하루하루를 살아가라! 한 시간 한 시간을 살아가라! 아무것도 영원하지 않은 산 사람의 세계에서는……."

"이 글을 읽는 그대에게 말하노라. 건강하고 남을 사랑하라. 그대가 여기에 들어올 때까지의 모든 나날을……."

아피아 가도 비석

2

두 번째 보화
바울의 셋집과 가내교회

바울의 1차 투옥—가택 연금
산 파올로 알라 레골라 교회
산타 마리아 인 비아 라타 교회

로마의 가내교회들
푸덴지아나 교회
프라세데 교회
빈콜리 교회

바울의 셋집과 가내교회

1. 바울의 1차 투옥 ^{가택연금}

사도 바울과 동행하였던 의사 누가는 사도행전 28장 16절에서 31절까지 로마에서의 바울의 행적을 생생히 보고한다. 로마에 온 바울은 재판 받기 전 군인과 함께 기거하는 가택연금 상태에 있었다. 당시 로마법을 정확히 알 순 없지만 가택연금이란 법은 꽤나 오래된 법인 듯하다. 이스라엘 왕정 시대에 다윗에게 저주를 퍼부었던 시므이를 솔로몬에 의해 예루살렘 성 밖으로 나가지 못하게 한 형벌은 일종의 가택연금이었다. 시므이는 성 안에서의 활동은 자유했으나 결국 성 밖으로 나가 죽음을 면치 못했다. ^{왕상 2:36-46}

가택연금법은 오늘날에도 여전히 존재한다. 이탈리아의 경우 가택연금형을 받은 자는 형을 받은 지역에 본인의 집이 있으면 그곳에 기거하면 되지만, 자신의 집이 없는 경우나 외국인의 경우에는 원하는 집을 세 얻어 그곳에서만 기거해야 한다. 집세 비용은 물론 생활비 일체를 모두 자비로 감당해야만 한다. 바울 시대와 다른 점은 전화기가 경비 군인 역할을 대신한다는 것인데 설치된 전화기를 통해 수시로 기거 여부를 점검 받게 된다. 당시 바울도 자신이 기거할 민가를 선택해야 했고, 비용도 스스로 조달해야 했을 것이다. 로마 도착 사흘 후 바울은 유대인 중에 높은 사람들을 초대하였는데[행 28:17] 이런 면에서 당시 로마에 있던 유대인들이 그를 도와주었을 가능성은 매우 농후하다.

로마로 압송된 바울은 이태 동안 셋집에 머물렀다고 사도행전은 말하고 있다.[행 28:30] 바울은 그곳에서 자기에게 오는 사람들을 다 영접하고 하나님 나라를 전파하며, 주 예수 그리스도에 관한 모든 것을 담대하게 거침없이 가르쳤다. 로마의 기독교 공인과 국교를 이끈 작은 불씨가 바로 이곳에서 지펴진 것이다. 이런 의미에서 바울의 셋집은 로마 초기 기독교의 근원지로 매우 중요한 가치를 지니고 있다.

오늘날 바울의 셋집을 찾아간다는 것은 매우 흥미로운 일 중의 하나이다. 당시 셋집은 감옥이 아니라 일반 가옥이었으며, 근래에 로마 시대의 일부 가옥이 발굴됨에 따라 당시 바울의 셋집을 추측할 수 있게 되었다. 로마에는 바울의 셋집이라 주장하는 곳이 두 곳 있는데, 트라스테베레 지역의 산 파올로 알라 레골라 교회와 비아 코르소 지역의 산타 마리아 인 비아 라타 교회이다. 두 곳 모두 어느 정도 타당한 단서를 갖추고 있다.

산 파올로 알라 레골라 교회 정면

1) 산 파올로 알라 레골라 교회

전통에 따르면 사도 바울은 두 집에서 살았다. 학자들은 산 파올로 알라 레골라 교회$^{Chiesa\ di\ San\ paolo\ alla\ regola}$가 로마에서 바울의 첫 번째 집으로 그가 기한 없는 재판을 기다리던 AD 61~63년 사이에 18개월을 살았다고 한다. 이 기간 동안 바울은 그에게 찾아오는 로마 기독교 공동체 신자들을 만나 이야기를 나누고, 말씀을 강론하고, 성찬을 거행하였을 것이다. 사도행전 28장 23절에서 "그들이 날짜를 정하고 그가 유숙하는 집에 많이 오니 바울이 아침부터 저녁까지 강론하여 하나님의 나라를 증언하고 모세의 율법과 선지자의 말을 가지고 예수에 대하여 권하더라"라고 말하고 있다.

바울이 거주한 곳은 트라스테베레의 유대인 지역으로 테베레 강이 바로 옆으로 흐르고 있었기 때문에, 1세기 당시 많은 곡물 창고들과 천막 공장들이 자리 잡고 있었다. 여기서 생산되는 천막들은 주로 배에 공급되었다. 산 파올로 알라 레골라 교회가 트라스테베레 지역에 있고 바울의 직업이 천막제조업이었음을 참고할 때$^{행\ 18:3}$ 옛 증언이 실효성이 있음을 말해 주고 있다. 또한 이 지역이 로마에서 가장 오래된 주택 주거지였다는 점도 신빙성을 더해 준다.

오늘날에도 로마의 주택임대료가 수입의 절반 이상을 차지함을 볼 때 당시 셋집 임대료도 만만치 않았을 것이다. 빌립보서 4장 10~20절에서 당시 바울의 경제생활을 엿볼 수 있는데 넉넉할 때도 있었지만 때론 배고프고 궁핍하기도 하였음을 알 수 있다. 바울은 배부름과 배고픔, 풍부와 궁핍에 처하는 일체의 비결을 알아 굳이 도움을 바라지 않았지만 에바브로디도를 통해 쓸 것을 보내 준 빌립보 교회에 감사하고 있다. 어쨌든 이런 상황과 처음부터 자비량으로$^{고전\ 9:7}$ 선교를 하였던 바울이었음을 참조할 때 당시 주택임대와 생활비를 위해 바울이 천막제조 일을 했다고 충분히 추측할 수 있다.

레골라 교회 사도 바울이 기거했던 집

　최근 1978에서 1982년까지 발굴 작업을 통해 이곳이 유대인들의 창고와 텐트 제조소였음이 확인되었다. 이미 이곳은 4세기에 교황 실베스트로에 의해 교회가 세워졌고 바울의 거주지로 보전되어 왔다. 시기적으로 볼 때 옥중서신^{에베소서, 빌립보서, 골로새서, 빌레몬서}은 바로 이곳에서 쓴 것이다.

　한편 이곳에서 바울이 생명의 동역자라 칭했던^{롬 16:4} 아굴라와 브리스길라의 방문도 이루어졌다고 본다. 아굴라는 본도 태생의 유대인으로 로마인 브리스길라와 결혼하여 로마에 살고 있다가 모든 유대인은 로마를 떠나라는 클라우디오 황제의 명령으로 고린도에 왔다가 바울을 만났고, 그들은 천막제조업자들로 2년간 바울과 같이 일하였다.^{행 18:2-3} 클라우디오 사망 후 아굴라와 브리스길라는 다시 로마로 왔으며 그들의 집을 교회로 개방하였다.^{롬 16:5}

　전통적으로 브리스길라는 로마 아칠리 글라브리오누스^{Acilii Glabriones} 가문의 사람이었고, 아칠리는 은신처로 바울과 베드로에게 자신의 집을 제공

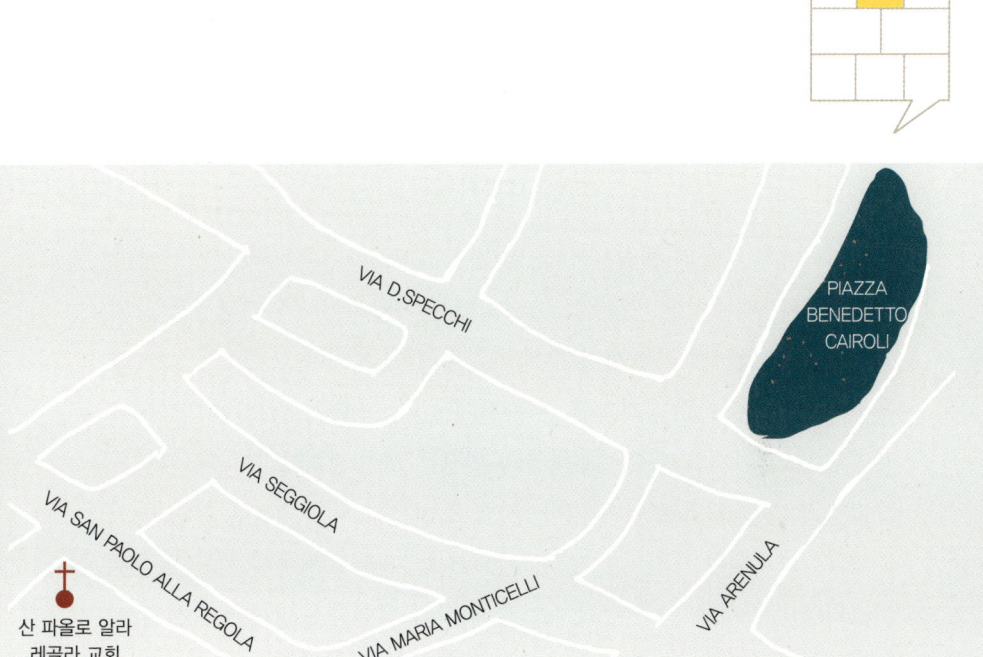

산 파올로 알라 레골라 교회
교회 주소 : Via di San Paolo alla Regola 6
개방 시간 : 월 - 토 오전 10 : 00 - 12 : 30 오후 17 : 00 - 20 : 00,
　　　　　 일요일 오전 11 : 00 - 13 : 00 오후 17 : 00 - 19 : 00
지도 : 3구역

한 로마원로의원 가이오 마리오 푸덴테$^{Caio\ Mario\ Pudente}$와도 친분이 있는 사이였다고 한다. 아칠리 무덤에 브리스길라도 함께 매장되었는데 오늘날 살라리아길에 있는 프리실라 카타콤이다.$^{Catacome\ di\ Priscilla\ -\ Via\ Salaria\ 430}$

2) 산타 마리아 인 비아 라타 교회

또 하나의 바울의 셋집은 산타 마리아 인 비아 라타 교회$^{Chiesa\ di\ Santa\ Maria\ in\ Via\ Lata}$이다. 베네치아 광장$^{Piazza\ Venezia}$에 있는 이탈리아 통일기념관을 등지고 포폴로 광장$^{Piazza\ del\ Popolo}$까지 직선으로 뚫려 있는 비아 코르소$^{Via\ del\ Corso}$ 길을 따라 약 300m 쯤 내려가면 왼쪽 편에 있다. 교회는 5세기에 약 250m 길이의 창고 위에 지어졌는데 바울의 셋집은 교회 지하에 있으며, 아직도 고고학적 발굴 요소로 남아 있다. 지금도 여전히 사용 가능한 우물이 있고 녹슨 쇠사슬이 보관되어 있다. 사도행전 28장 20절에서 사도 바울은 이스라엘의 소망을 인하여 쇠사슬에 매인 바 되었다고 말하는데 실제 이것이 그를 묶었던 쇠사슬인지는 여전히 심도 높은 고증을 필요로 한다.

한편 전승에서는 이곳에서 베드로와 바울과 누가와 요한이 살았다고 한다. 바울이 있는 곳에는 항상 베드로를 등장시키기 때문에 그가 실제 살았는지 여부는 알 수 없지만, 누가는 바울을 동반하였기 때문에 충분히 함께 기거했을 가능성이 있다. 혹자는 본래 이곳이 누가의 집이었다고 말하기도 한다. 교회 안내서에는 '누가의 집과 바울 감옥'으로 소개하고 있다. 아마도 의사 누가가 바울과 함께 로마에 왔을 때 세를 얻어 기거하였던 집으로 추측된다.

누가는 사도 바울의 3차 전도여행부터 동행하였고, 바울이 예루살렘에서 붙잡혀 2년간 가이사랴 감옥에 투옥되었을 때에도 그의 곁에 있었다. 이때 누가복음을 집필하였는데 AD 58-60년경이다.

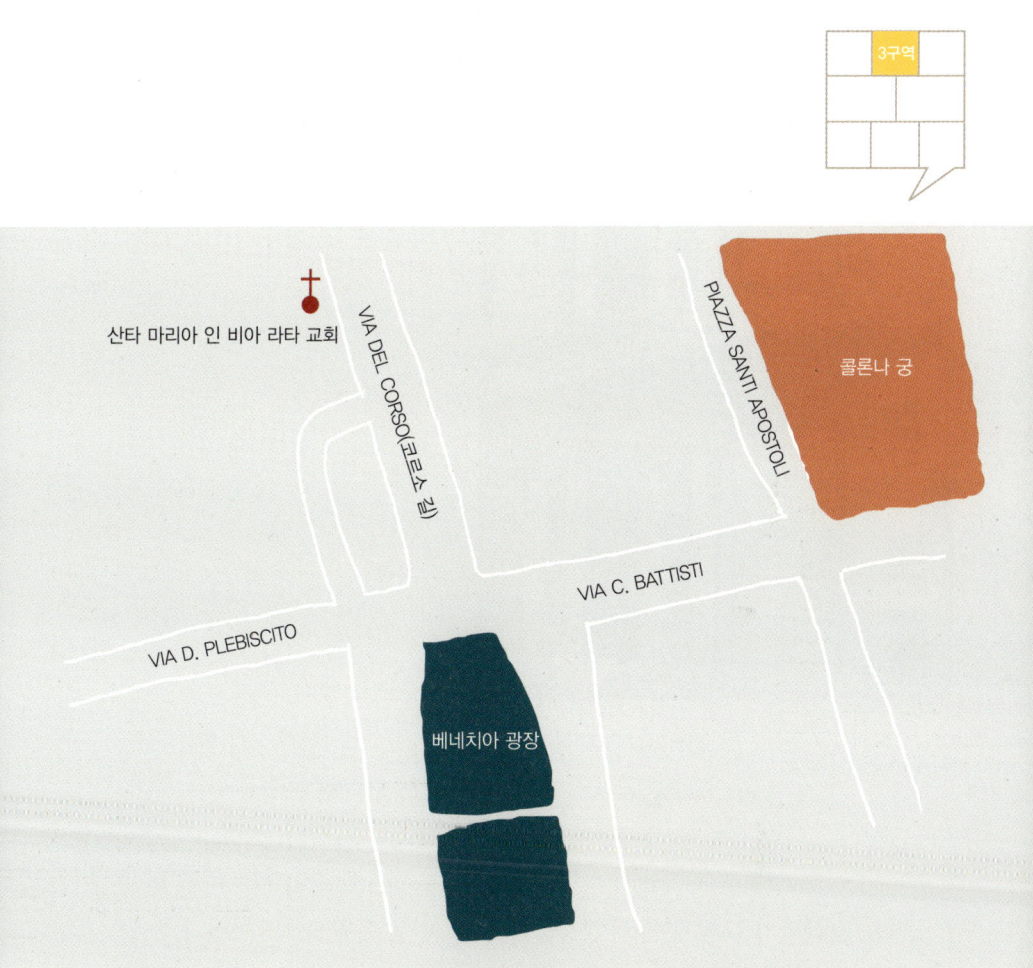

산타 마리아 인 비아 라타 교회
교회 주소 : Via del Corso 306, Roma
개방 시간 : 화-금 16:00 - 19:00 겨울 15:00 - 18:00
　　　　　토, 일 10:00 - 13:00 월요일 휴일
지도 : 3구역

산타 마리아 인 라타 교회 정면

    누가는 무엇보다 바울이 로마로 압송되어 감옥에 갇힌 때부터 순교당하는 순간까지 그의 곁에서 건강을 돌보아 주던 의원^{home doctor}이었다.^{골 4:14} 누가는 사도 바울이 2차 선교여행 시 드로아에서 처음 만났으며, 이때 주님을 영접하고 기독교로 개종하였다. 그 후 바울을 따라 빌립보로 동행하였으며, 그 지역 일대에 복음을 증거하였다. 바울은 나중에 그를 '복음으로써 모든 교회에서 칭찬을 받은 자'^{고후 8:18}라고 언급하였다. 바울의 순교 직전 모두가 그의 곁을 떠났지만 유일하게 끝까지 남아 바울을 지켜 준 사람은 누가였다.^{딤후 4:11}

    전승에 의하면 바울의 순교 후 누가는 사도행전을 기록하였으며^{AD 63년경},

그 후 20년간 갈리아, 이탈리아, 달마디아 및 마게도냐에서 복음을 전하다 순교하였다고 한다. 100여 년 전 터키 에베소에서 그의 무덤이 발견되었는데 누가복음의 상징인 소와 십자가가 새겨진 비석이 결정적인 단서가 되었다.

산타 마리아 인 비아 라타 교회 지역은 고대 로마 거리의 일부로 3세기에 이르러서는 상점을 갖춘 건물들이 300m 앞 베네치아 광장까지 들어섰다. 6세기에 이르러 이곳은 부분적으로 후생기관으로 개조되었는데, 1049년에 거룩한 교회로 대체되었다. 1658년과 1662년 사이에 교회 유적지의 복구가 대대적으로 시행되었는데 1661년 교황 알렉산더 7세가 이곳을 신성한 곳으로 지정하였으며, 바울이 재판 받기 위해 기거했던 곳을 기념하여 제단을 놓았다.

바울의 쇠사슬

현재 교회의 지하는 1세기에 지어진 건물로 고고학 발굴 팀은 이곳을 사도 바울이 머물렀던 실제 집의 일부로 판명하였다. 이곳에는 바울 투옥에 관련된 장면을 묘사한 7~9세기의 벽화 조각들이 남아 있었는데 1904년 사제 루이지 카밧지Luigi Cavazzi가 발굴하여 이곳이 바울 감옥이었음이 재확인되었다. 여러 점의 벽화들은 로마 고대유물관리 최고위원회의 명령으로 1960년 벽에서 분리하여 보전을 명목으로 로마 크라프타 발비Crypta Balbi 박물관으로 옮겨졌다. 지금의 교회는 17세기 와서 현재의 모습으로 개축되었다.

우물 내부 　　　　　　　교회 지하에 있는 바울의 셋집　　　　　　　지금도 여전히 남아 있는 우물

곁/길/ 로마 시대 가옥 형태

1. 인슐라

인슐라^{Insula}는 여러 가구가 함께 살 수 있도록 지은 가옥형태이다. 오늘날 연립 주택을 떠올릴 수 있지만 특이한 점은 1층은 상점으로 사용되었다는 것이다. 인슐라는 대개 3층 이상이었고, 2층부터는 가정집의 작은 방으로 구성되어 다세대가 나누어 살았다. 보통 인슐라는 1층은 돌로 지었고, 2층 가옥부터는 나무로 지었다. 이로 인하여 인슐라의 붕괴나 화재는 흔한 일이었고 인명 피해도 종종 발생되었다. 네로시대 때 발생한 화재도 바로 이런 이유로 로마 시내의 3분의 2가 전소되는 피해를 입은 것이다. 인슐라는 공동 수도와 화장실을 이용하였다. 인슐라는 나중에는 아파트처럼 층이 높아져 7, 8층 높이의 인슐라가 흔했는데 로마 초대 황제 아우구스투스는 인슐라의 높이를 20m로 제한한 바 있으며, 나중에 트라야누스는 17m로 제한을 두었다. 1세기경 로마 시의 인구가 최소한 100만에 이르렀는데 좁은 로마 시내에 이와 같은 엄청난 인구가 살 수 있었던 것은 바로 인슐라 때문이었다.

인슐라

2. 도무스

도무스^{Domus}는 서민층의 인슐라와 달리 부유층의 가옥으로 1가구만을 수용하는 단독주택 주거 형태로 아트리움^{Atrium - 중정}과 페리스틸리움^{Peristylium - 열주랑, 기둥으로 둘러쌓인 장소}이라는 2개의 주요부분으로 나누어졌다. 아트리움은 침실과 여러 개의 방으로 나뉘었고 아트리움과 페리스틸리움 사이에는 타블리눔^{Tablinum}이란 공간이 있었다. 이 가옥 구조는 겨울이 우기이고 여름이 건기인 지중해성 기후에 잘 적용된 양식이다. 뚫린 천장 공간으로 빛과 신선한 공기가 들어왔고, 아트리움 안에는 임플루비움^{Impluvium}이라는 작은 연못이 있는데 여기에는 빗물을 모았다. 빗물로는 정원 식물을 가꾸었고 또 지하에는 수도 탱크가 있어서 항상 풍부한 물을 사용할 수 있었다.

여기서 한 가지 흥미로운 점은 아트리움을 중심으로 한 방들의 이름은 라틴어로 표시하였고, 페리스틸리움을 중심으로 뒤쪽 방들은 주로 헬라어 이름을 사용하였는데 이것은 아트리움은 이탈리아 중부 지방에 거주하였던 고대 에트루리아인의 주택 형태에서 따온 것이고, 반면에 페리스틸리움은 그리스 주택

을 모방한 것이기 때문이었다.

로마의 팔라티노 언덕에는 황제들의 개인 저택들이 즐비했는데 도무스 아우구스타나$^{Domus\ Augustana}$, 도무스 아우구스티$^{Domus\ Augusti}$, 도무스 티베리아나$^{Domus\ Tiberiana}$ 등이 대표적이고 네로의 궁전인 트란시토리아 궁도 이곳에 있었으나 AD 64년 로마 대화재 때 파괴되었다.

3. 저택^{Villa}

도무스 형태가 크고 또한 사유지를 갖고 있을 경우 이를 저택이라 불렀다.

2. 로마의 가내교회들

1) 푸덴지아나 교회

　기독교 공인 이전 로마에 있던 그리스도인들은 비밀리에 예배 드리는 장소로 일반 가옥을 사용하였다. 나중에 기독교가 공인되고 국교가 되면서 이 가옥 자리 위에 교회가 세워졌는데 이러한 교회들을 가내家內교회라 부른다. 오늘날 로마에 가내교회들이 몇 군데 남아 있는데 로마원로의원 푸덴테Pudente가 예배 장소로 제공했던 집터 위에 4세기경 그의 장녀의 이름을 따라 세운 것이 바로 푸덴지아나 교회Basilica di S. Pudenziana이다.

　전승에 의하면 푸덴테는 네로 박해 당시 베드로의 전도로 개종한 원로원 의원이었으며, 그의 집에 베드로와 바울이 은거했다고도 한다. 디모데후서 4장 21절에 '부데'라는 이름이 나오는데 그가 바로 푸덴테이다. 그런데 공교롭게도 그의 둘째 아들 이름이 디모데이다. 교회사가들은 이 디모데를 사도 바울의 신실한 제자라 소개하고 있는데, 이를 근거로 일부 사람들이 푸덴테가 디모데전후서에 나오는 디모데의 아버지였다고 말한다. 그런데 이는 오해이다. 푸덴테의 아들 디모데도 바울에게 사제 안수를 받았기 때문에 그가 바울의 제자란 것이 결코 틀린 것은 아니지만 성경에 나오는 디모데와는 단지 동명이인에 불과하다.

　성경에 등장하는 바울의 제자 디모데를 잠깐 언급하자면 AD 17년 소아시아의 남부 루스드라 출생으로 알려져 있으며 그의 부친은 헬라인이고 모친은 유대인이었다. 어린 시절 어머니 유니게와 외조모 로이스가 유대교인으로 그를 양육하였다.

푸덴지아나 교회 정면

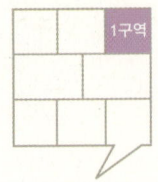

1구역

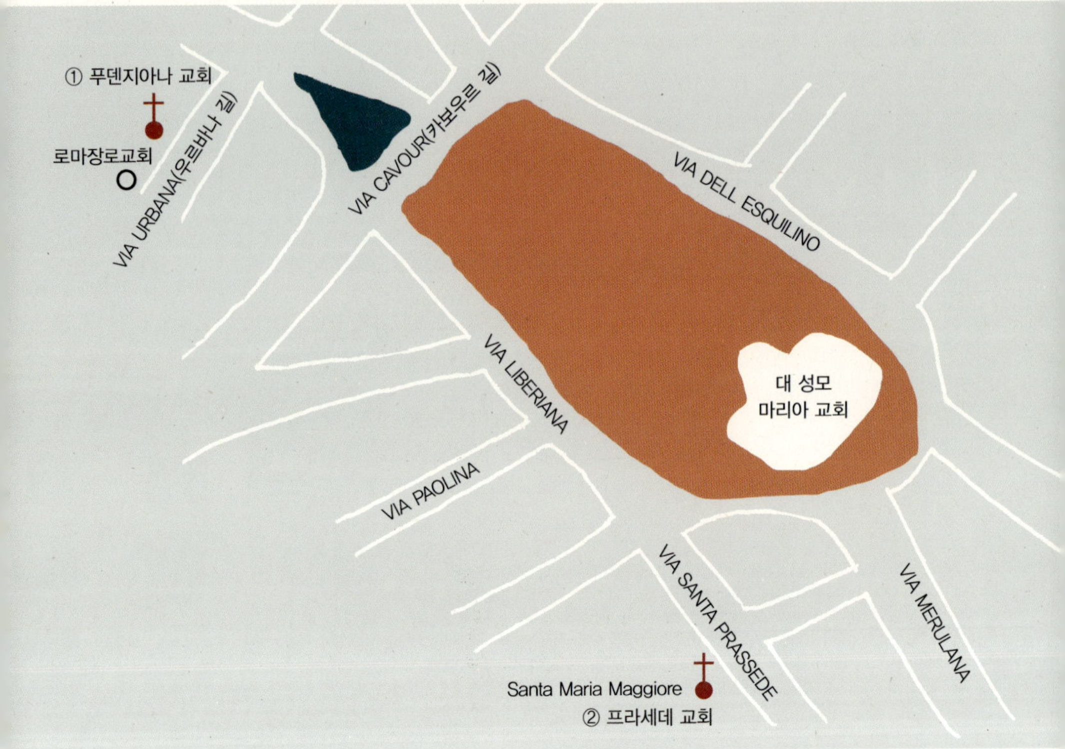

① 푸덴지아나 교회
로마장로교회
VIA URBANA(우르바나 길)
VIA CAVOUR(카보우르 길)
VIA DELL ESQUILINO
VIA LIBERIANA
VIA PAOLINA
대 성모 마리아 교회
VIA SANTA PRASSEDE
VIA MERULANA
Santa Maria Maggiore
② 프라세데 교회

① 푸덴지아나 교회
교회 주소 : Via Urbana 161, Roma
개방 시간 : 오전 8 : 00 - 12 : 00
　　　　　오후 15 : 00 - 18 : 00
　　　　　휴일 오전 9 : 00 - 12 : 00
지도 : 1구역

② 프라세데 교회
교회 주소 : Via Santa Prassede, 9/A
개방 시간 : 오전 7 : 30 - 12 : 00
　　　　　오후 16 : 00 - 18 : 30
　　　　　(8월은 오후 시간만 개방)
지도 : 1구역

푸덴지아나 교회 후진

사도행전의 기록을 보면 바울이 1차 전도여행 시 디모데를 루스드라에서 만났는데 디모데가 바울의 눈에 들어온 이유는 그가 루스드라와 이고니온에 있는 성도들 사이에 좋은 평판을 받고 있었기 때문이었다. 이후 바울은 2차 전도여행 시 디모데를 동반하였고 3차 전도여행 시에도 예루살렘까지 동행하였다. 이후 바울이 체포되어 가이사랴 감옥에 2년 동안 갇혀 있게 되자 그는 에베소로 돌아갔으며 그곳 주교로 임명되어 복음역사에 힘썼다. 디모데는 에베소의 여신 디아나^{아데미, 다산의 신, 행 19:26-28}가 우상에 불과하다고 지적하였고 이에 광분한 자들에 의해 곤봉에 맞아 순교하였다. 바울이 자신의 아들이라 호칭한 디모데는 그의 모친과 외조모의 이름까지 성경에 나오지만 막상 부친 이름은 언급되지 않고 있다.

교회 정면

보좌에 앉으신 예수님 모자이크

푸덴지아나 교회 내부

푸덴지아나 우물

푸덴지아나 제대 위 디모데와 노바토

한편 디모데후서에서 언급된 부데^{푸덴테}의 부인 이름은 사비넬라^{Savinella}이고, 두 아들 노바토^{Novato}, 디모데오^{Timoteo}와 두 딸 푸덴지아나^{Pudenziana}와 프라세데^{Prassede}를 두었다. 전승 기록에는 '바울의 제자 디모데와 사도들의 친구 푸덴테 그리고 그의 부인 사비넬라'라고 소개하고 있다. 푸덴테의 장녀 푸덴지아나는 16세에 순교했으며, 그의 부친 곁에 묻혔다가 7세기 로마 살라리아길 곁에 있는 프리실라 카타콤에 매장되었다.

푸덴지아나 교회는 현재 4m 낮은 땅에 위치하기 때문에 먼저 계단으로 내려가야 한다. 이처럼 교회가 지면보다 낮은 지역에 있는 것은 후대 로마인들이 오랜 기간 교회 주변 지대를 흙으로 덮어서 지면이 상승했기 때문이다. 교회 입구 양쪽에는 문양판이 두 개 걸려 있는데, 오른쪽 그물 모양의 문양은 가내교회를 표시하고 있다.

교회에 들어서면 후진 상단에 아름다운 모자이크가 눈에 들어온다. "보좌에 앉으신 예수님"이다. 예수님이 가운데 보좌에 앉아 계시고 양 옆으로 사도들이 있는데 예수님 곁에 베드로 사도와 $^{보는\ 방향에서\ 오른쪽}$ 바울 사도가 있고 그들 뒤로 푸덴지아나와 그의 자매 프라세데가 서 있다. 이 모자이크는 로마교회 그림 가운데 가장 오래된 인물화이며, 그 묘사가 매우 사실적이란 점에서 높은 가치를 지닌다. 또한 사자^{마태복음}, 소^{누가복음}, 사람^{마가복음}, 독수리^{요한복음}라는 상징물들이 처음으로 등장하기에 더욱 그렇다. 그럼에도 불구하고 가치를 몰라 대우를 받지 못하는 유물처럼 이곳을 찾는 이들은 뜸하고, 그 의미를 모른 채 사진에만 담아갈 뿐이어서 아쉬움으로 남는다. 모자이크 아래에는 푸덴테의 두 아들 노바토와 디모데가 그려져 있다.

교회 후진 뒤편에 로마 초기 가옥의 바닥이 남아 있는데 1세기 이전 것으로 푸덴테의 집으로 추정되고 있다. 교회 지하에는 당시 가옥의 모습이 남아 있고, 후진 오른쪽 문을 통해 위층으로 올라가면 작은 방이 있는데 이곳에서 9세기에 그려진 바울이 디모데에게 세례 주는 장면의 벽화들을 볼 수 있다. 그러나 이곳은 일반인들에게는 공개되지 않고 단체 예약 시 관람이 가능하다.

교회를 나가다 복도 구석에 사각형의 작은 구조물이 있는데 그것이 순교자들의 피를 모아 놓았던 성스런 우물이다. 교회 출구 직전에 당시 순교자들의 피를 모으는 모습이 그림에 담겨져 있다.

푸덴테의 아들 노바토와 데모데에게 바울이 세례를 주는 벽화

순교자들의 피를 모으고 있는 장면

바울의 셋집과 가내교회

2) 프라세데 교회

　대 성모 마리아 교회^{Basillia Santa Maria Maggiore} 정면을 등지고 오른쪽 작은 골목으로 들어가면 얼마 가지 않아 숨어 있는 듯한 교회가 하나 나타나는데 이곳이 푸덴테 둘째 딸 이름으로 4세기에 세워진 프라세데 교회^{Basilica di S.Prassede}이다. 먼저 교회 끝으로 가서 후진 제단 쪽을 바라보면 5개의 개선문 아취가 보이는데 이 교회에서만 볼 수 있는 명장면이다. 제단 쪽으로 서서히 걸어가면 마치 개선문을 차례로 통과해 마지막 천국 문에 이르는 여정을 지나는 듯하다.

　교회 상단 그림은 구름 가운데 있는 하나님의 손이 승리의 면류관을 그리스도에게 수여하는 장면이며, 그리스도께서 양 옆에 배열되어 있는 베드로와 푸덴지아나^{보는 방향에서 오른쪽}, 바울과 프라세데에게 축복을 주시는 장면이다. 양쪽 끝으로는 순교자 제노와 9세기에 이 교회를 재건한 교황 파스콸레^{Pasquale}가 교회를 들고 있는 모습으로 그려져 있다. 그런데 교황 파스콸레는 당시 살아 있다는 뜻으로 후광을 동그라미가 아닌 사각형으로 표시를 하였고 옆에 불멸의 상징 피닉스^{Phenix, 불사조}를 그려 놓았다. 개선문 아취 양쪽에 24장로들과 어린양 예수님, 그리고 천사들과 4복음서의 상징인 사자, 인자, 소, 독수리가 보인다.

　교회 내에 압권은 '천국정원'이라 불리는 산 제노네 예배당^{Cappella di San Zenone}이다. 이곳에서 로마에서 보기 드물고 가장 중요한 비잔틴 유적을 볼 수 있다. 이곳은 교황 파스콸레의 모친 데오도라의 무덤을 위해 순교자 제노에게 바쳐진 예배당이며, 내부에는 9세기 모자이크 작품들이 존재한다.

　천국정원의 안쪽에는 또 하나의 보물이 숨겨져 있다. '벽옥기둥'이라 불리는 작은 기둥으로 콜론나 죠반니^{Colonna Giovanni}가 1223년에 십자군 병사로 참여했다가 예루살렘에서 가져온 것이다. 이는 빌라도 총독관저 브라이도리온 뜰에서 예수께서 채찍 맞으실 때 묶여 있던 기둥으로 알려져 있다.

천국으로 들어가는 여러 개의 승리 개선 아치

산 제노네 예배당의 '만유의 주' 모자이크

"빌라도가 예수를 채찍질하고 십자가에 못 박히게 넘겨 준 후 군인들이 예수를 끌고 브라이도리온이라는 뜰 안으로 들어갔다. 그들은 예수께 자색옷을 입히고 가시관을 엮어 씌운 후 갈대로 머리를 치고 침을 뱉으며 희롱하였다."막 15 : 16-20

보통 예수님은 큰 기둥에 온 몸이 묶인 채 채찍을 맞으시는 모습으로 묘사되는데 영화 〈패션 오브 크라이스트〉에서는 브라이도리온 뜰에서 작은 기둥에 손만 묶인 채 채찍을 맞으신다. 어쨌든 죠반니는 나중에 공로를 인정받아 성을 하사 받았는데 그로부터 콜론나, 즉 기둥이란 뜻의 가문이 생겨났다. 오늘날 르네상스 시대의 가장 유명했던 메디치 가문의 성은 사라졌지만 콜론나 가문은 아직도 로마의 명문가로 명맥을 이어오고 있다.

천국정원을 나오면 그림 엽서나 작은 성물들을 파는 곳이 있는데 그곳에서 줄리오 로마노Giulio Romano, 1499-1546의 "채찍질 당하시는 예수님" 그림을 감상할 수 있다. 그림에 예수님이 묶여 있는 기둥이 바로 이 벽옥기둥이다. 교회를 나오기 전 다시금 교회 끝으로 가면 바닥에 자주색 원판 하나를 볼 수 있는데 순교자의 유골을 모아 놓은 곳이다. 교회 입구 십자가 예배당 옆쪽에 "AD 817년 교황 파스콸레가 2,300명의 순교자 유해를 카타콤과 무덤에서 옮겨왔다"는 내용이 적힌 작은 석판이 있다.

벽옥기둥

프라세대 12장로와 상징물

예수님의 12제자들과 예수님을 따르던 9명 여인의 모자이크. 로마 최초의 독보적인 모자이크이다.

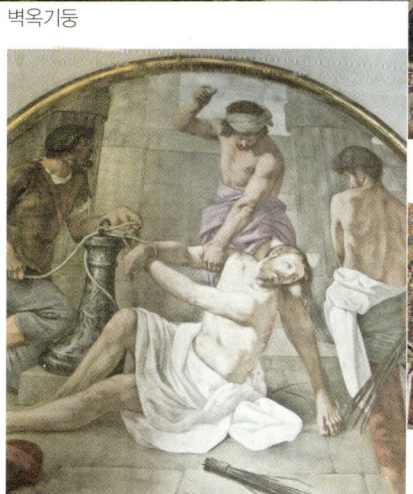

줄리오 로마노의 채찍질당하시는 예수님

네 여인의 모자이크는 왼쪽부터 데오도라, 프라세대, 푸덴지아나, 아네제 순서로 되어 있는데 순교자의 후광은 동그라미 모양으로 표시하였고, 당시 살아 있던 데오도라의 후광은 네모로 표시되어 있다.

3) 빈콜리(쇠사슬) 교회

이 교회를 성지순례에 포함시키게 된 이유는 가내교회이기 때문이다. 빈콜리 교회 Chiesa di San Pietro in Vincoli는 3세기에 가내교회 자리 위에 축조되었다. BC 63년 로마군단이 이스라엘 예루살렘을 점령한 뒤 당시 폼페이우스 장군이 예루살렘 성전의 지성소에 들어간 사건이 있었다. 이 사건은 이스라엘 역사상 가장 모독적인 사건으로 마치 하체를 드러낸 것과 같은 치욕의 사건이었다.

지성소는 하나님이 거하시는 거룩하신 곳으로 대제사장들만 들어갈 수 있었고 이것도 1년에 단 한 번뿐이었다. 이곳에 함부로 들어갔다가는 죽음을 면치 못했고 혹시나 대제사장들도 자신이 알지 못하는 죄로 인하여 죽임을 당할 것을 우려해 지성소에 들어갈 때에는 몸에 줄을 매고 들어가야만 했다. 만약 죽임을 당한 경우 시신을 끌고 나올 자가 없으므로 묶인 줄로 끌어내기 위함이다. 그리고 제사장은 에봇에 방울을 달고 들어갔는데 소리가 나는 것은 살아 있음을 의미했고, 소리가 나지 않을 경우 죽음을 의미했다. 그만큼 이곳은 인간이 함부로 들어갈 수 없는 가장 성스러운 곳이었다. 그런데 폼페이우스라는 이방인이 지성소를 들어간 것이다. 더더욱 문제는 그곳에 들어간 그가 죽임을 당하지 않고 아무 일 없이 그곳을 나왔다는 것에 있었다. 그가 지성소에 들어간 이유는 아주 단순했다. 유대인들이 믿는 강력한 유일신의 모습을 보고 싶었기 때문이었다. 당시 로마인들은 많은 이방신들을 섬겼고, 이방신들은 반드시 형상을 갖고 있었기 때문에 유대인들의 신도 어떤 형상을 갖고 있으리라 생각했던 것이다. 그러나 지성소에 들어간 폼페이우스는 너무나 큰 실망을 하고 말았다. 그곳에는 하나의 궤짝 외에는 아무것도 없었기 때문이었다. 그러나 이 일은 이스라엘 민족에게 너무나 큰 충격의 사건이 되었다. 왜냐하면 하나님의 거룩하신 성소가 모독을 당한 충격도 컸지만 멀쩡히 살아나

VIA GIOVANIVI LANZA

VIA INSELSI

VIA CAVOUR(카보우르 길)

VIA DELLE SETTE SALE

Piazza SAN PIETRO in Vincoli

산 피에트로 인 빈콜리 교회

산 피에트로 인 빈콜리 교회
교회 주소 : Piazza di San Pietro in Vincoli 4/a
개방 시간 : 매일 오전 8 : 00 – 12 : 30 오후 15 : 00 – 18 : 00
지도 : 1구역

빈콜리 교회 정면

온 이방인으로 인하여 하나님에 대한 의구심도 생겨났기 때문이다. 그러나 폼페이우스가 보고자 했으나 볼 수 없었던 하나님은 결국 보이는 신들을 다 타파했고, AD 381년 기독교는 로마 국교가 되었다. 이로 인하여 비밀리에 드리던 예배 장소에 교회가 세워지고 그곳에서 주의 이름이 만방에 찬양되었다.

빈콜리 교회는 베드로가 로마의 마메르티노 감옥에 감금되어 있을 때와 예루살렘에서 감금돼 있을 때 묶여 있었던 쇠사슬이 서로 만나자 마자 엉켜서 하나가 되었다는 전승의 쇠사슬이 보관되어 있어 '산 피에트로 인 빈콜리'라 불리게 되었다. 빈콜리는 쇠사슬이란 뜻이다. 그러나 정작 이 교회를 유명하게 만든 것은 미켈란젤로의 '모세상'이 소장되어 있기 때문이다.

모세가 시내 산에서 하나님으로부터 돌판에 새긴 십계명을 받아 내려왔을 때 산 아래에서는 금송아지 우상을 만들고 난무한 축제를 벌이고 있었다. 이에 분노한 모세는 돌판을 던져 깨뜨리는데, 성경에 나오는 이 내용을 미켈란젤로가 돌 한 덩어리에 담아 놓았다. 사실 이 작품은 미켈란젤로가 교황 율리우스 2세의 영묘 장식을 위해 준비한 44개의 대리석 중

첫 번째로 착수한 작품인데 후에 계획이 무산되어 이 작품만 홀로 남게 되었다. 모세상은 분노를 머금고 있는 모세가 우상에 빠져 있는 백성들을 향해 십계명 판을 던지려고 자리에서 일어서는 순간을 포착하였다. 그 모습이 너무나 당당하고 위엄스러울 뿐만 아니라 마치 살아서 금방이라도 일어날 듯한 강렬한 모습에 미켈란젤로 스스로도 도취되어 "왜 말을 하지 않아?" 하며 자신도 모르게 망치로 모세의 무릎을 내리쳤다는 일화는 결코 과장이 아닌 듯하다. 스탕달$^{Stendhal, 프랑스 소설가, 1783-1842}$은 "이 조각품을 보지 못한 자는 조각의 힘을 제대로 이해할 수 없다."고 했고, 바사리$^{Vasari, 이탈리아 화가, 건축가, 1511-1574}$는 "고대와 현대를 통 털어서 이 작품과 견줄 만한 작품은 존재하지 않았다."라고 하였다.

그런데 모세의 머리에는 뿔 두 개가 나와 있다. 보통사람들은 이것이 그의 분노한 모습을 표현한 것으로 설명하곤 한다. 그러나 출애굽기 34장 29~35절에는 시내 산에서 내려온 모세의 얼굴에 광채가 났다고 말하고 있다. 히브리어로 '광채'와 '뿔'의 어원이 같은데 70인역 성경의 헬라어 번역 과정에서 '광채'를 '뿔'로 오역하였고, 이것이 그대로 라틴어로 번역되었던 것이다. 그리하여 중세시대의 미켈란젤로 외에도 대부분의 예술가들은 성경에 기초하여 모세의 머리에 뿔을 장식해 놓았다.

두 개가 엉켜 있는 쇠사슬   분노를 머금고 있는 모세상

3

세 번째 보화
바울의 순교지

바울의 2차 투옥
마메리티눔

바울의 순교지
뜨레 폰타네 참수터

바울의 무덤
성 바울 대교회

바울의 순교지

1. 바울의 2차 투옥 – 마메리티눔 감옥^{Mameritinum}

네로^{Nero}, 그는 그의 모친 아그리피나에 의해 약관 17세에 황제에 올랐다. 집권 초기 네로는 그의 스승이며 당대 최고의 석학이었던 세네카의 보좌를 받으며 팍스^{Pax} 로마제국을 이끌어 나갔다. 그러나 아그리피나의 지나친 간섭은 그를 불안케 하였고 그녀로부터 벗어나려 하자 아그리피나는 네로에게 전 황제 아들 브리타니쿠스를 제위에 세우겠다고 위협하였다. 자신도 모친이 클라우디우스 황제를 독살 후 세웠다는 의구심이 있었기 때문에 네로는 언제든지 아그리피나가 마음만 먹으면 자신을 죽일지도 모른다는 두려움에 시달리게 되었다. 결국 그는 자객을 보내 먼저 모친 아크리피나를 살해하였고 브리타니쿠스도 살해하였다.

마메리티눔 감옥 입구

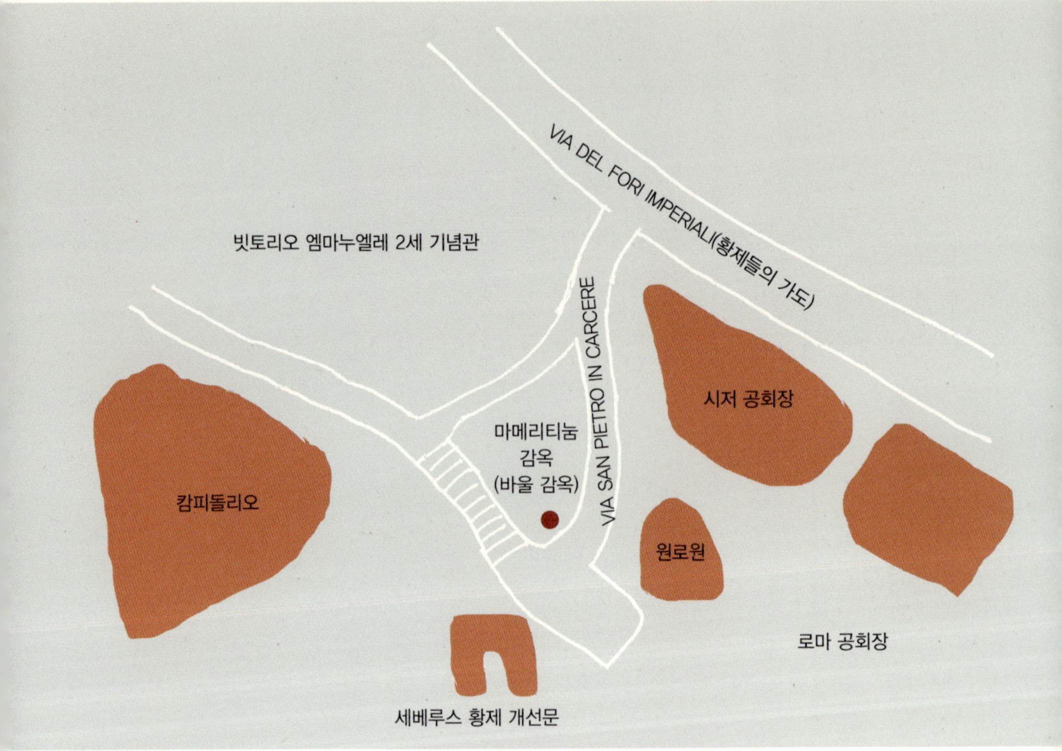

빗토리오 엠마누엘레 2세 기념관

VIA DEL FORI IMPERIALI(황제들의 가도)

VIA SAN PIETRO IN CARCERE

마메르티눔 감옥 (바울 감옥)

캄피돌리오

시저 공회장

원로원

로마 공회장

세베루스 황제 개선문

마메르티눔 / Carcere Mamertino
주소 : Via Clivo Argentario, 1, Roma ll
개방 시간 : 9 : 00-17 : 00(16 : 30까지 입장) / 입장료 : 10유로
지도 : 2구역

나중에 그는 아내 옥타비아도 죽였으며, 재혼한 부인 포파이아마저 죽이고 말았다. 이후 그는 죽은 영혼들의 악령에 시달렸고 정신 상태는 극도로 불안정해져 갔다.

AD 64년 7월 18일 로마에 대화재가 발생하였다. 원인을 알 수 없는 불길은 당시 대전차 경기장 부근 한 선술집에서 시작되었는데 무려 9일 동안 지속되었다. 이 거대한 불길은 로마시 3분의 2를 태우고서야 겨우 잡혔다. 당시 백만 명 가까운 사람들이 운집하여 살고 있던 로마시는 순식간에 잿더미로 변했다. 민심은 극도로 흉흉해졌고 시민들 사이에는 네로가 자신의 궁전을 새로 지을 목적으로 불을 질렀다는 소문이 돌았다. 그도 그럴 것이 네로가 로마시에서 가장 높은 퀴리날레 언덕에서 불타는 로마를 보며 시를 읊었다는 소문이 더해져서 로마 시민들을 분노로 들끓게 하였다.

분노한 시민들로 인해 폭동이 일어날 분위기에 이르자 당황한 네로는 성급히 화재의 혐의를 기독교인들에게 두면서 그들을 방화범으로 처형하도록 하였다. 당시 로마사회에는 신생종교 기독교인들에 대한 소문이 좋지 않았는데 이것은 기독교의 관습과 신앙에 대한 그릇된 풍문에서 나왔다. 성만찬 예식을 피를 흘리고 마시며 인육을 먹는 잔치로 보았고, 은밀히 성적인 사랑을 나누는 성적 문란의 장으로 보았다. 서로를 형제, 자매라 호칭하여 오늘날도 이탈리아인들은 직계가 아니면 이 호칭을 쓰지 않는다. 더더욱 근친상간의 의심까지 사게 되었다. 이런 와전된 소문들은 일반시민들에게는 물론 당대 역사가에게조차 추행과 악행이 난무하는 종교로 비추어질 수밖에 없었다. 여기에다 당시 로마 화재 시 두 곳만 불타지 않았는데 그 지역이 모두 유대인들이 살고 있는 지역이었으므로 그들에게 혐의를 뒤집어씌우는 데 전혀 무리가 없었다. 당시 로마법에 방화범은 무조건 극형에 처해졌으며, 이로 인해 기독교인들은 모두 화형의 극형을 면할 수 없었다.

로마 역사를 다룬 연대기의 저자 타키투스Tacitus에 의하면 "자신의 소문을 없애기 위해 네로는 기독교인들이라 불리는 사람들을 잔인하고 난폭하게 다루도록 했고, 기독교인들은 속죄양이 되어 고통을 받을 수밖에 없었다."라고 기록하고 있다. 이것이 기독교인에 대한 로마의 첫 박해인 네로 박해이다.

네로 박해 시 사도 바울이 로마에서 순교하였다. 순교 전 바울은 한 감옥에 수감되어 있었다. 오늘날 바울 감옥이라 일컫는 마메르티눔 감옥이다. 기원전 6세기부터 사용된 로마에서 가장 오래된 감옥으로 본래 이름은 툴리아눔Tullianum 감옥인데 중세 때부터 마메리티누스Mamertinus 감옥으로 불리었고, 오늘날에는 마메리티노Carcere Mamertino 감옥으로 불리고 있다. 이 감옥은 주로 사형수들이 형 집행 전에 단기간 동안 수감된 곳으로 BC 104년 로마에 반기를 들었다가 술라에게 잡혀 온 누미디아 왕 유구르타, BC 62년 로마집정관 키케로에게 체포된 반역자 카틸리나, BC 52년 시이저가 갈리아 토벌 시 모반한 부족 지도자 베르킨케토릭스, 그리고 AD 70년 유대 반란 시 잡아온 유대인 지도자 시몬 바르 죠라 등 주로 반역자들이나 정부 전복 모반죄에 연루된 자들이었다.

　이러한 연유로 일부 사람들 중에는 종교 문제로 연관된 바울과 베드로가 이곳에 갇혔었다는 사실을 하나의 허구로 간주하기도 한다. 그러나 당시 로마는 기독교를 국가 전복의 위험한 종교로 보기도 하였는데 그 이유는 무엇보다 황제숭배 거부, 혁명적이고 비타협적인 태도로 인한 반로마적인 위협 요소 때문이었다. 또한 기독교인들의 세상 종말론은 급진주의자들이라는 비판의 대상이 되기도 하였다. 당시 로마제국은 황제계승에 관한 법이 없었기 때문에 빈번히 발생되는 반란과 음모에 황제들은 불안해하였고, 피정복민족의 반란도 계속되었기 때문에 반체제적인 집단으로 여겨진 기독교를 경계하지 않을 수 없었다. 더더욱 자신들을 '그리스도의 군병'이라고 부르는 행위가 로마제국에 대한 하나의 반국가적인 조직체를 형성하는 징조로 여기게끔 하였다. 이런 상황에서 그리스도인들의 수장격인 베드로와 바울을 모반의 주동자로 보는 것은 충분히 납득할 수 있는 요소이다.

혹자는 사형수 명단에 베드로와 바울이 기록되어 있지 않다는 이유로 조작설을 주장하는데 당시 모든 사형수들의 명단이 기록으로 남아 있는 것은 아니었다. 어떻든 이곳은 전통적으로 사도 베드로와 바울이 갇혀 있던 감옥으로 알려져 있다.

돌기둥과 샘과 세례 베푸는 장면의 부조가 있는 바울 감옥 내부(2012년 이전 모습)

바울 감옥의 현재 모습

베드로의 머리가 부딪혀 패인 돌

감옥의 구조를 보면 작은 구멍을 통해 죄수들을 지하로 투옥시켰으며, 이는 탈출하기에 매우 어려운 구조였다. 오늘날 베드로가 내려가다 부딪혔다는 곳은 굵은 쇠창살로 보호되어 있는데 베드로 머리에 의해 돌이 움푹 패여 홈이 나 있다. 베드로Pietro의 뜻이 돌반석이니 그럴 가능성도 없진 않다. 그러나 애석하게도 그 시대에는 통로가 존재하지 않았다. 베드로를 극화하기 위해 누군가 만들어 낸 이야기일 뿐이다.

계단을 통해 감옥으로 내려가면 공간이 생각보다 매우 좁다. 감옥에는 돌기둥이 하나 서 있고 앞에 작은 샘이 있다. 바울이 쓴 옥중서신을 보면 쇠사슬에 매인바 되었다고 하였는데 바로 이 돌기둥에 쇠사슬로 매여 있었던 것이다. 그래서 혹자는 이곳에서 바울이 옥중서신을 썼다고 증언하고 있다. 그러나 옥중서신은 바울의 첫 번째 감옥이었던 가택연금 상태에서 쓴 것으로 알려져 있다.

당시 감옥 안에서는 바울이 전한 복음을 믿고 죄수들이 회개하는 일이 발생되었는데 그들을 위해 세례 베풀 물이 필요하였다. 바로 이때 땅에서 작은 샘이 터졌다. 바울은 이 샘물로 세례를 베풀었다는데 지금도 보전되어 있다. 특이한 점은 물의 높이가 건기나 우기에 상관없이 항상 일정한 수위를 유지하고 있다는 것이다. 전승으로 내려오는 이야기로 확실성은 많이 떨어지지만 그럼에도 불구하고 이곳은 사도 바울이 순교 전 마지막 여정으로 머물렀던 곳으로 방문자들에게 가슴 뭉클한 감동을 불어 주고 있다. 후에 이 감옥 위에 교회가 세워져 바울 교회로 착각하기 쉽지만, 이는 '목수들의 성 요셉 교회'Chiesa di San Giuseppe dei Falegnami이다.

이전에는 이곳에 입장료를 받지 않았는데 최근에 와서 입장료를 10유로씩 받고 있다. 그래서인지 예전에 있던 장식들을 다 걷어 내고 나름대

참수터 안내 팻말   참수 전 바울이 수감되어 있던 감옥

로 로마시대 모습을 재현코자 애를 쓴 모습이다. 그러나 왠지 장삿속이 들여다보여 다소 씁쓸한 마음이 든다.

2. 바울의 순교지 - 뜨레 폰타네 참수터 Abbazia Tre Fontane

"전제와 같이 내가 벌써 부어지고 나의 떠날 시각이 가까웠도다 나는 선한 싸움을 싸우고 나의 달려갈 길을 마치고 믿음을 지켰으니 이제 후로는 나를 위하여 의의 면류관이 예비되었으므로 주 곧 의로우신 재판장이 그 날에 내게 주실 것이며 내게만 아니라 주의 나타나심을 사모하는 모든 자에게도니라" 딤후 4:6-8

디모데후서는 바울의 서신 중 최후의 서신으로 로마에 2차 투옥 시, 순교하기 직전에 옥중에서 쓴 것으로 알려져 있다. 바울은 어느 정도 자신의 죽음을 예견하고 있었는데 이는 바로 참수당할 자들이 머물던 감옥에 있었기 때문이었을 것이다.

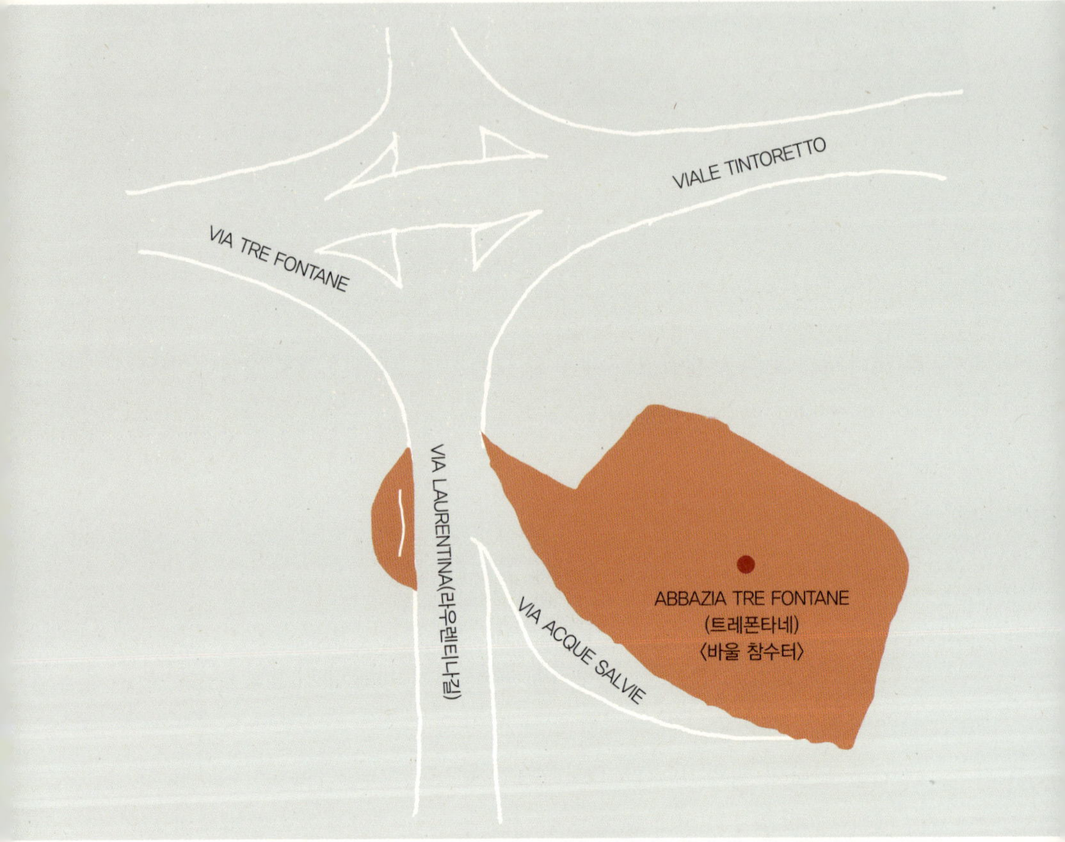

VIALE TINTORETTO

VIA TRE FONTANE

VIA LAURENTINA(라우렌티나길)

VIA ACQUE SALVIE

ABBAZIA TRE FONTANE
(트레폰타네)
〈바울 참수터〉

트레 폰타네 바울 참수터
참수터 지명 이름 : Abbazia delle Tre Fontane
주소 : Viale Acque Salvie, 1 Roma
개방 시간 : 오전 8 : 30 – 12 : 30 오후 15 : 00 – 18 : 00
지도 : 6구역

바울이 처형 직전 옮겨진 곳은 앗과 살비아^{Acqua Salvia} 지역의 참수터 감옥이었다. 오늘날 이곳에 산타 마리아 스칼라 코엘리^{Chiesa di Santa Maria Scala Coeli} 교회가 서 있다. 교회 지하로 내려가면 바울이 갇혀 있던 감옥을 볼 수 있다. 이 작고 습한 공간에서 바울은 디모데가 속히 와 주길 바라며 겉옷과 특별히 가죽 종이에 쓴 책을 가져오라 부탁하였을 것이다. ^{딤후 4:13}

산타 마리아 스칼라 코엘리 교회는 이곳에서 순교한 기독교인들을 위해 1183년에 축조된 교회로 "천국으로 오르는 계단"으로 명명되었다. AD 298년, 디오클레티아누스 황제의 대 박해 당시 이곳에서 호민관 제노^{St. zeno Tribune}와 그의 병사 1만 203명이 기독교인이란 죄목으로 참수를 당하였다. 성인 베르나르도가 그들의 영혼이 하늘로 승천하는 모습을 보았는데 이

순교자 성 바울 교회로 가는 길   산타 마리아 스칼라 코엘리 교회

목도하는 장면의 석상이 1953년 그의 죽음 8백주년을 기념하여 세워졌다.

성 베르나르도 석상

성 베르나르도 석상 옆에는 작은 팻말이 있는데 "순교자 성 바울 교회로 가는 길. 전승에 의하면 여기서 다소의 바울이 AD 67년 예수 그리스도를 위해 목숨을 바쳤다"라고 쓰여 있다. 팻말 앞으로 직선으로 난 길을 따라 100m 정도 걸어가면 정면에 있는 교회가 '순교자 성 바울 교회'Chiesa del martirio di San Paolo이며, 1221년에 축성되었다.

교회에 이르는 길은 고요함과 적막감으로 다소 분위기가 엄숙하다. 참수터로 가는 발걸음인 만큼 더뎌지고 무겁게 느껴지기조차 한다. 교회 입구에 들어서면 양쪽으로 두 개의 대리석 부조물이 있는데 한쪽에는 베드로가 십자가에 거꾸로 달려 순교하고 다른 한쪽에는 바울이 돌기둥 위에 목이 놓인 채 칼로 순교당하는 장면이다. 당시 사용되었다는 돌기둥이 교회 안쪽 끝에 자리 잡고 있다.

돌기둥

당시 세 샘터에는 바울 참수 소식을 들은 로마의 그리스도인들이 대거 몰려와 있었다. 바울을 조금이라도 더 가까이 보고자 무리가 몰리자 로마 군병들은 들어오지 못하게 막아섰다. 드디어 형 집행을 위해 바울의 목이 기둥 위에 놓여지고 참수자가 휘두르던 칼이 바울의 목을 내리쳤다. 잘린 바울의 목은 땅바닥으로 세 번 튀며 나

바울의 참수 모습

뒹굴었는데 그곳에서 샘이 솟아올랐다. 여인들이 경악과 슬픔과 놀람 속에 이를 목도한다. 말을 탄 로마 기병이 이들을 해산시키려 하고 있는데 왼쪽에는 누가가 조용히 이 상황을 책 위에 기록하고 있다. 그러나 막상 그가 쓴 사도행전은 바울의 구금 상태에서 끝을 맺는다. 이 상황을 남겼더라면 하는 아쉬움의 여운이 남는다.

참수 당시 바울의 머리가 세 번 튀면서 그곳에 샘이 솟았는데 이곳 지역을 오늘날 세 분수^{뜨레 폰타네}라 불리고 있는 이유이다. 교회 안에 3개의 샘터 위에는 경당^{Oratorium}이 세워져 있다. 현재는 폐쇄되었지만 1950년까지 샘물이 솟았다고 한다. 그런데 세 샘터의 위치가 머리가 튀기에는 상당한 거리감이 있다. 그래서 보는 이로 하여금 과장된 이야기가 아닐까 하는 의구심을 갖게 한다. 그런데 당시 이 지역은 구릉지역으로 경사도가 있어 튀었다기보다 굴렀다는 것이 좀 더 정확한 표현일 것이다.

바울의 순교지 **85**

바울이 걸어왔다가 다시 나가지 못한 '돌아갈 수 없는 길'
오늘날 다시 돌아갈 수 있다는 것은 은혜 중에 은혜가 아닐까?

당시 참수 상황 그림

    로마 당시 이곳 참수터는 대형 소나무 숲의 산기슭이었는데 1878년에 트라피스트 수도승들에 의해 네로 시대의 일부 동전이 발견되기도 하였다. 참수터 지역은 1867년 이래 지금까지 가톨릭 트라피스트 수도회에서 관장하고 있다. 초대교회 교부인 터툴리안$^{Tertullian, 160-225}$은 "바울 사도가 황제의 재판에서 무죄를 선고 받았으나 네로의 기독교 대 박해 때에 로마에서 참수당했다"고 전한다.

    바울 참수터는 로마 시내에서 좀 벗어난 지역으로 교통편이 그리 좋은 편이 아니다. 이곳을 쉽게 갈 수 있는 방법은 지하철 B선 종점 Laurentina 역에서 내려 그곳에서 Via Laurentina를 따라 오거나$^{도보\ 15분\ 소요}$, 761번 버스를 타고 시내방향으로 나오다 'Abbazia Tre Fontane' 지역에서 내리면 된다.

    특별한 입구 표시가 없어서 반대편에 입구가 잘 되어 있는 뜨레 폰타네 정원$^{Parco\ Tre\ Fontane}$으로 들어가기 십상이기 때문에 반드시 'Abbazia delle Tre Fontane'라는 팻말을 확인하고 Via delle Acque Salvie 길로 들어가야

바울의 순교지 **87**

한다.

처음 100m 정도 들어가는 길목에서 맞이하는 석상은 베네딕토 성인인데 가운데 손가락을 입술에 대고 있다. 경건한 지역이므로 조용하라는 의미이다. 그곳을 지나면 큰 문을 만나게 되는데 '카를로 대제의 원호'라 불리는 문으로 이곳이 실제 입구이다. 이 문을 통과해 지나면 7~9세기에 지어진 수도원을 보게 된다. 1년 내내 줄을 잇고 있는 성 베드로 대교회에 비하면 이곳을 찾은 사람들은 그리 많지 않아 조용하다 못해 엄숙하기조차 하다.

곁/길/ 전승 이야기들의 진실

혹자는 바울이 로마까지 온 것은 분명하지만 순교당했다는 증거는 없다며 순교터 자체를 부인하는 사람들도 있다. 역사는 거짓을 말해서는 안 된다. 사도 바울이 순교하지 않았는데 순교했다고 하는 것은 역사적 사실이 아니다. 그러나 어떻게 순교했느냐는 세부적인 사항에 대해서 역사적 근거로만 논한다는 것은 매우 우매한 일이다. 역사는 세부적 사항보다는 주로 결과적 사실을 기록해 놓았기 때문이다.

오늘날 발달된 정보시대의 자료로는 오랜 세월이 지나도 동네 축구 경기 상황조차도 세부적으로 알 수 있을 것이다. 그러나 고대 문헌으로는 경기 내용을 자세히 알 수 없다. 예를 들어 한 팀이 축구경기에 3:2로 이겼다는 결과만이 역사로 남았을 경우 후대 사람들은 어떤 경기 내용으로 이겼는지 알 수가 없다. 여기서 이긴 것을 진 것으로 한다면 이는 분명한 역사적 오류가 되겠지만, 만약 2:0으로 지고 있다가 마지막 몇 분을 남겨 놓고 소나기 3골을 넣어 이겼다고 가정한다면 이는 역사적 결과를 벗어나지 않은 채 가장 극적인 장면을 연출하는 것이 될 것이다. 전승의 이야기들은 이런 극적인 면을 강조하긴 하였지만 결과 자체를 왜곡한 것은 아닌 것이다.

3. 바울의 무덤 - 성 바울 대교회 Basilica di San Paolo fuori le Mure

성 바울 대교회 내부

 앗과 살비아에서 참수당한 바울의 시신은 당시 성문 밖 오스티엔세(지금의 성 바울 대교회 지역)의 공동묘지인 죽은 자의 도시 네크로폴리스에 버려졌다. 그의 시신은 일부 신자들에 의해 그곳에 매장되었고 작은 기념 비석을 하나 세워 놓았다. 250년이 지난 이후 로마 황제 콘스탄티누스는 AD 324년에 대제의 명으로 바울 무덤 터 위에 교회를 세우도록 하였다.

좌우 두 줄로 도열된 80개의 화강암 석주들로 다섯 통로가 구분된 교회 내부는 길이 131.66m, 폭 65m, 높이 29.7m로 당시 규모가 가장 큰 교회였다. 마치 로마제국의 공회장을 들어가는 착각이 들 정도로 웅장한 교회는 데오도시우스 황제 시대를 거쳐 그의 아들 호노리우스 황제[393-423 재위] 때 완공을 보았다.

이후 성 바울 대교회는 1400여 년의 오랜 세월을 잘 지탱해 오다 1823년 7월 15일 한밤중에 화재로 말미암아 하룻밤 사이에 거의 소실되는 비운을 맞았다. "돌로 지어진 교회가 어떻게 불에 탈 수 있을까?" 하는 의문이 들겠지만 돌들이 타서 소실된 것이 아니라 뜨거운 열기를 견디지 못하고 모두 무너져 내린 것이다. 당시 교회 처마를 수리하던 인부의 실수로 불이 났는데 2시간이 지난 후에야 진화 작업이 시작되었고 불길은 5시간이나 지속해서 솟았다.

복원 공사는 30년이 지난 1854년 교황 비오 9세 때 건축가 폴렛티[Poletti]에 의해 완성되었다. 교회 규모는 처음과 같은 크기로 로마에서 성 베드로 대교회 다음으로 큰 교회이다. 그러나 새로 축조한 교회는 화재 전 초기 그리스도 교회의 신비로움이 아닌 신고전주의 건축물처럼 차가움을 주는 교회로 바뀌고 말았다.

교회 후진의 거대한 모자이크는 화재 시 그 피해를 모면하여 그대로 보존되어 있다. 중앙에 그리스도가 있는데 왼손으로는 성경을 잡고, 오른손으로는 강복을 주는 모습이다. 한 가지 흥미로운 점은 그리스도의 오른발 아래에서 발가락을 잡고 있는 마치 강보에 싸인 아기처럼 조그맣게 그려진 사람이 있는데 이 교회 수리를 명한 교황 호노리우스 3세이다.

바울 교회 내부에 그려진 바울 초상화   화재로 무너진 교회

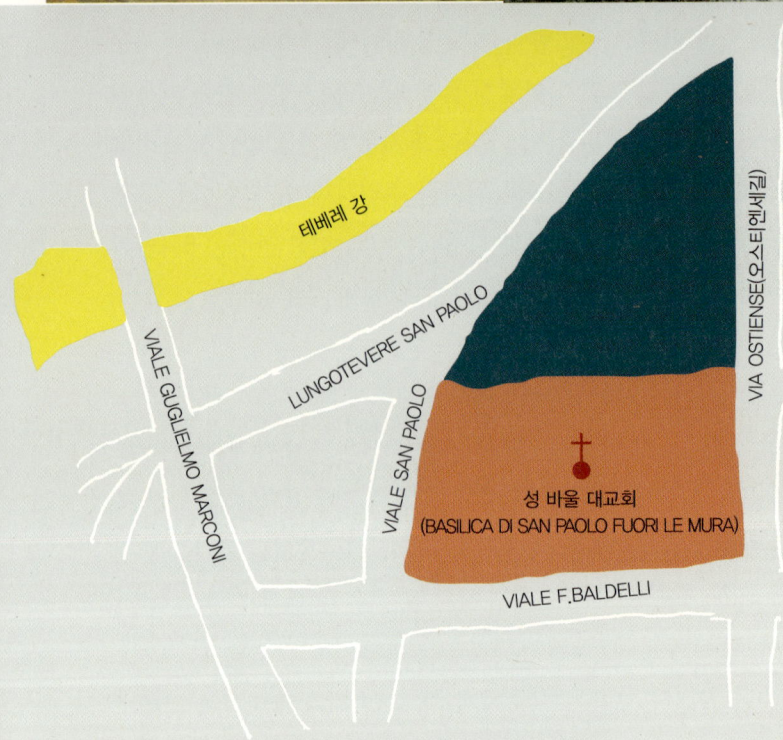

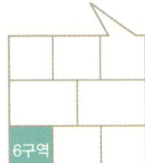

성 바울 대교회
교회 주소 : Via Ostiense 186, Roma
개방 시간 : 매일 07:00 - 18:30
지도 : 6구역

또한 그리스도를 중심으로 왼쪽에는 사도 베드로와 그의 형제 안드레, 오른쪽에는 사도 바울과 그의 동반자 누가가 그려져 있고, 그 아래쪽에는 열두 사도가 있다.

교회 중앙 천개는 고딕 예술의 정수를 보여 주는 13세기 아르놀프 디 캄비오 작품으로 이것 역시 화재를 피했다. 천개 아래에는 바울의 무덤이 자리 잡고 있으며, 콘스탄티누스 대제가 첫 번째로 이곳에 제대를 세웠다. 이 무덤은 9세기 말경까지는 순례자들이 육안으로 직접 볼 수 있었으나 그 후 완전히 밀폐되었고, 지금은 바울 이름 판이 무덤을 표시해 주고 있을 뿐이다. 지금도 순례자들이 이곳 앞에서 무릎을 꿇고 기도하는 모습을 볼 수 있다.

화재를 모면한 13세기의 교회 후진 모자이크

바울의 대리석상

　천정과 기둥들 사이에는 첫 번째 교황인 베드로의 초상화로부터 시작하여 현재 프란체스코 1세까지 역대 교황 266명의 원형 모자이크 초상화가 장식되어 있다. 초상화는 교회 전체를 돌아서 현재 남아 있는 공간은 10개뿐이다. 그런데 이 남은 공간이 다 차는 날에 지구의 종말이 온다는 전설 같은 이야기가 전해져 오고 있다. 뒷부분 양쪽에 있는 10개의 공간은 연결되지 않고 동떨어져 있어 인위적으로 더 만들어 놓은 듯하다.

　교회 밖을 나가면 뜰이 나타나는데 이곳에서 바라보는 것이 실제 교회의 정면이다. 정면 상단이 로마에서 가장 아름답다는 모자이크이다. 저녁노을이 깃들 무렵이면 이곳 모자이크의 금박 돌에서 반사되는 광채가 황홀할 지경이다. 상단에 그리스도와 양쪽에 베드로, 바울이 앉아 있다. 중간 단에는 에덴동산 위에 그리스도가 어린양의 모습으로 앉아 있고 좌우에는 열두 마리의 양들이 있는데 이는 열두 사도를 상징하고 있다. 어린양이 앉아 있는 언덕에는 창세기에서 언급한 네 줄기의 강이 흐르고 있다. 하단은 구약 시대의 예언자들이었던 이사야, 예레미야, 에스겔, 다니엘이 자리를 하고 있다. 이것은 바티칸의 모자이크 전문가들이 무려 20년 1854-1874에 걸쳐 만든 작품이다.

교회 정면의 사각형 주랑은 1900년 초에 만들어진 칼테리 작품이다. 이곳 중앙 가운데 서 있는 대리석상은 오비치의 작품인 사도 바울인데 한 손에는 책, 다른 한 손에는 양날이 선 검을 들고 서 있다. 책은 성경을 뜻하고 칼은 성령의 검으로 복음전파를 위한 부단한 투쟁을 상징한다. 엡 6:13-20 20,000km에 이르는 그의 선교여행 거리와 신약성경 13편에 달하는 그가 쓴 서신서들은 이를 잘 설명해 주고 있다.

현재 바울과 베드로는 로마의 수호성인으로 매년 6월 29일은 로마시의 공식 공휴일로 지정되어 있다.

성 바울 대교회 정면 상단 모자이크

4

네 번째 보화
베드로의 발자취

주여, 어디로 가시나이까?
쿼바디스 도미네 교회

베드로의 순교지
산 피에트로 인 몬토리오 교회

베드로의 무덤
성 베드로 대교회, 시스티나 예배당

베드로의 발자취

1. 주여, 어디로 가시나이까? - 쿼바디스 도미네 교회 Chiesa Quo Vadis Domine

"Quo Vadis, Domine?쿼바디스 도미네"
"어디로 가십니까, 주님?"

로마 세바스티아노 성문을 지나 아피아 가도를 따라 1km 정도 내려가다 보면 삼거리가 나타나는데 앞쪽이 칼리스토 카타콤 입구이고 왼쪽에 있는 자그마한 교회가 바로 쿼바디스 도미네 교회이다. 이 교회는 9세기에 축조되었는데 본래 이름은 산타 마리아 델레 피안테Chiesa di Santa Maria delle Piante 교회이지만 오늘날 쿼바디스 도미네 교회로 더 알려져 있다. 현재 교회는 17세기에 재건된 모습이다.

고대 아피아 가도

"시몬 베드로가 이르되 주여 어디로 가시나이까 예수께서 대답하시되 내가 가는 곳에 네가 지금은 따라올 수 없으나 후에는 따라오리라"(요 13 : 36).

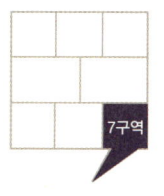
7구역

쿼바디스 도미네 교회
교회 주소 : Via Appia Antica, 51
개방 시간 : 08 : 00 - 18 : 00
지도 : 7구역

베드로의 발자취   99

교회에 들어가면 청동 흉상 하나가 맞이해 주는데 1905년 노벨문학상을 받았던 쿼바디스 작가 시엔키에비치$^{Sienkiewick\ Henryk}$로 1977년 이곳에 재이 폴란드 사람들이 세워 놓았다. 그의 대표적인 소설 「쿠오 바디스」는 로마의 역사가 타키투스^{Tacitus}의 연대기를 참고로 쓴 역사소설이라 말하는데 외경 베드로 행전과 교차되는 부분이 있다.

베드로는 당시 네로 박해를 피해 로마를 빠져 나가고 있었다. 그가 로마 성문을 벗어나 아피아 가도를 가고 있을 때 로마로 걸어가고 계신 주님의 발현을 보게 되었다. 그는 놀라 다급하게 "주님, 어디로 가십니까?" 하고 여쭈었더니 주님께서는 "십자가에 못 박히려고 로마로 가는 길이다." 라고 말씀하셨다. 베드로가 "주님, 십자가에 다시 못 박히시겠다는 말씀입니까?"라고 여쭙자 주님께서 "그렇다, 베드로야. 나는 다시 십자가에 못 박힐 것이다."라고 대답하셨다. 이 말을 들은 후에야 베드로는 제정신이 돌아왔다. 그리고는 하늘로 다시 오르시는 주님을 보면서 기쁨 가득한 얼굴로 발길을 로마로 돌렸다. 왜냐하면 "십자가에 못 박힐 것이다"$^{요\ 21:18-19}$ 하셨던 주님의 말씀이 자신에게 일어나야 할 일이었기 때문이었다.

베드로 초상화

로마로 돌아온 베드로는 성도들에게 자기가 본 환시를 전하면서 자신이 십자가에 못 박힐 것을 말했다. 얼마 후 베드로는 로마 군사들에게 체포되어 사형을 선고 받고 마침내 십자가에 매달려 순교했다. 이때 베드로는 감히 주님과 같은 방식으로 죽을 수 없다 하여 자청해서 거꾸로 매달려 십자가에 처형되었다고 전해진다.

사실 '베드로 행전'의 내용은 조금 다르다.

쿼바디스 도미네 교회

아피아 구가도 칼리스토 카타콤 입구

아피아 가도에 남기신 예수님의 발자국

태어날 때부터 거꾸로 된 인간의 눈에는 추한 것이 아름다운 것으로, 악한 것이 선한 것으로 비쳐졌으니 죽을 때도 인간은 세상을 거꾸로 살아온 죄인답게 십자가에 거꾸로 매달려야 한다는 것이었다. 이로써 베드로는 스스로 모든 죄인의 상징이 되어 십자가에 거꾸로 매달렸다고 한다.

오늘날도 고대 로마의 냄새가 물씬 풍기는 아피아 가도를 걷다 보면 당시 로마로 발길을 돌리던 베드로 사도의 모습이 아련히 다가온다. 쿼바디스 도미네 교회에는 특별히 주님이 남기셨다는 발자국이 대리석에 새겨져 있는데 길이가 27.5cm로 예수님의 신장이 180cm 이상이었음을 대략 추측할 수 있다. 발자국 원본은 세바스티아노 카타콤에 있으며 이곳에 있는 것은 복제품이다.

산 피에트로 인 몬토리오 교회

2. 베드로의 순교지 - 산 피에트로 인 몬토리오 교회 Chiesa di San Pierto in Montorio

베드로의 직업은 어부로 부친의 유업을 물려받은 듯하다. 본래 그의 이름은 시몬이었으나 예수님으로부터 반석이라는 뜻의 아람어 '게바'^{kefa} 라는 새 이름을 얻었다. 요한복음 1장에 따르면, 세례 요한이 예수님이 지나가심을 보고 "보라, 하나님의 어린양이로다!"하자 세례 요한의 두 제자가 예수님을 좇아갔는데 그중에 한 사람인 안드레가 자기 형 베드로를 찾아가서 "우리가 메시야를 만났다."라며 그를 예수님 앞에 데려오니 주님이 베드로를 보시고 "네가 요한의 아들 시몬이니 장차 게바라 하리라" 하셨다고 한다.

요한복음 21장 18절에 보면 예수님께서 베드로에게 다음과 같은 말을 하면서 장차 그가 어떤 죽음을 맞이할 것인지를 알려 주셨다. "내가 진실로 네게 이르노니 네가 젊어서는 스스로 띠 띠고 원하는 곳으로 다녔거니와 늙어서는 네 팔을 벌리리니 남이 네게 띠 띠우고 원하지 아니하는 곳으로 데려가리라" 학자들은 이 말이 베드로의 십자가형을 예고한 것이라고 보고 있다.

산 피에트로 인 몬토리오 교회 내부

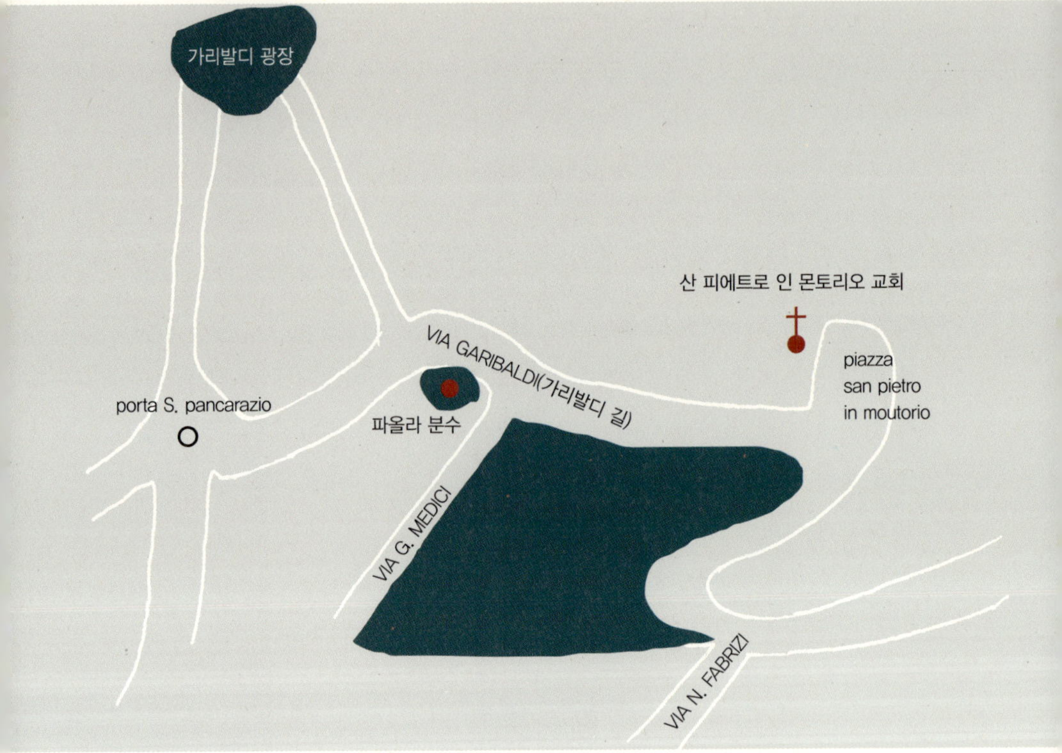

가리발디 광장

VIA GARIBALDI(가리발디 길)

porta S. pancarazio

파올라 분수

산 피에트로 인 몬토리오 교회

piazza san pietro in moutorio

VIA G. MEDICI

VIA N. FABRIZI

산 피에트로 인 몬토리오 교회
교회 주소 : Piazza S.Pietro in Montorio 2, Roma
개방 시간 : 매일 오전 08:30-12:00
　　　　　월-금(공휴일 제외) 오후 15:00-16:00
　　　　　매일 10:00,12:00,16:00,18:00 결혼식 행사 (예약된 경우만)
지도 : 5구역

구이도 레니Guido Reni의
베드로의 십자가

몬토리오 교회 내 베드로 흉상

몬토리오 교회 안뜰 산 피에트로 사원

　　초대교회의 전승에 따르면 베드로는 로마로 가서 남은 생을 보냈으며 그곳에서 목회활동을 하다 순교하였다고 전한다. 베드로의 순교 사실에 대해서는 2세기 말엽의 교부 터툴리안, 오리겐 등이 증언하고 있는데 베드로가 순교한 시기는 네로 황제 치하 때인 AD 64년으로 본다. 당시 베드로는 네로 경기장, 현재의 성 베드로 대교회 광장에서 십자가에 거꾸로 매달려 순교했다고 전해진다. 그런데 일부 학자들은 정작 베드로가 실제 순교한 곳은 당시 죄수들을 처형하였던 자니콜로 언덕이었다고 한다. 어떤 학자들은 베드로가 네로 경기장에서 처형된 후 자니콜로 언덕 부근의 공동묘지인 죽은 자들의 도시 네크로폴리스necropolis에 버려진 후 묻혔다고도 한다. 어떻든 간에 이러한 사실을 바탕으로 AD 4세기에 베드로 처형 장소 혹은 무덤 위에 세워진 교회가 산 피에트로 인 몬토리오 교회이며, 13세기에 개축하여 오늘에 이르고 있다. 현재 이 교회를 찾는 사람은 거의 없고, 일반 성지순례지에 포함되어 있지도 않지만 베드로의 순교와 관련된 중요한 의미를 부여해 주는 교회이다.

산 피에트로 인 몬토리오 교회는 인적이 드문, 소문나지 않은 교회임에도 불구하고 교회 내부는 16~17세기 르네상스 시대의 뛰어난 화가와 조각가들의 작품들로 가득 차 있다. 유명한 라파엘로의 "그리스도의 변모" 작품이 본래 이곳 교회에 소장되어 있었으나 바티칸 박물관으로 옮겨졌고, 현재는 미켈란젤로의 제자인 다니엘레 다 볼테라$^{Daniele\ da\ Volterra}$와 죠르지오 바사리$^{Giorgio\ Vasarri}$, 지안 로렌조 베르니니$^{Gian\ Lorenzo\ Bernini}$ 등과 같은 예술가들의 작품을 볼 수 있다. 입구 오른쪽에 있는 첫 번째 예배당에 그려진 세바스티아노 델 피옴보$^{Sebastiano\ del\ Piombo}$의 "예수님의 변모"와 "채찍질당하시는 예수님"의 프레스코화는 보는 이들에게 매우 강렬한 인상을 표출하고 있다.

교회 안뜰 수도원으로 들어가면 베드로의 순교 장소에 지은 성 베드로 사원^{Tempieto}이 있는데 마치 성 베드로 대교회 돔의 축소판처럼 보인다. 이것은 성 베드로 대교회 건축 책임자였던 브라만테의 1502년 작품으로 브라만테 사원으로도 불린다. 오늘날 산 피에트로 인 몬토리오 교회에서는 매일 결혼식 행사가 열리고 있다.

3. 베드로의 무덤 - 성 베드로 대교회, 시스티나 예배당

1) 성 베드로 대교회 Basilica di San Pietro

AD 326년, 콘스탄티누스 황제의 명으로 사도 베드로 무덤 위에 길이 118m, 가로 64m, 88개 기둥의 교회가 세워졌다. 이 교회는 1200여 년을 지탱해 오다 14세기에 이르러 붕괴될 위험에 처하게 되었다. 이로 1506년 교황 율리우스 2세에 의해 현재의 교회 공사가 시작되었다. 길이 211.5m, 천장 높이 45.44m, 돔의 높이 136.5m, 최대 수용인원 60,000명의 세계에서 가장 거대하고 장엄한 성 베드로 대교회는 120년 후인 1626년 완공을 보았다. 이 공사에는 브라만테, 라파엘로, 미켈란젤로, 베르니니 등 르네상스의 기라성 같은 건축가, 화가, 조각가들이 참여하였다.

성 베드로 대교회 광장에 들어서면 먼저 우뚝 솟은 오벨리스크가 눈에 들어온다. 본래 이곳은 네로 경기장이었는데 카라칼라 황제가 AD 37년에 이집트에서 가져온 오벨리스크를 이곳에다 장식하였다. 길이가 25m인데 받침과 십자가를 포함하여 높이가 41m로 베드로가 십자가에 거꾸로 달려 순교한 곳이라고 전승은 말한다.

광장 양쪽으로 두 개의 분수가 사시사철 시원한 물을 뿜고 있는데 마데르노와 폰타나 작품으로 하나님의 성전으로 들어가기 전 마음을 씻는 정화 의식을 의미한다. 교회 정면 양 옆으로 8m의 거대한 석상이 보이는데 성령의 검을 들고 있는 오른쪽 석상이 사도 바울이고 천국의 열쇠를 들고 있는 왼쪽 석상이 사도 베드로이다.

현재 광장은 로렌조 베르니니의 대걸작으로 1656~1667년에 걸쳐 건설되었다. 직경 340m로 30만을 수용할 수 있는 대광장으로 그리스도가 팔을 벌려 세계 전 인류를 품고 있는 형상으로 그리스도의 사랑을 상징한다.

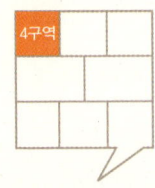

4구역

성 베드로 대교회
교회 주소 : Piazza San Pietro
개방 시간 : 07:00-18:30(10월-3월), 07:00-19:00(4월-9월)
지도 : 4구역

광장 좌우에 반원을 이룬 열주회랑은 284개 원주들과 88개 각주로 4열 종대로 배치하였다. 중앙에 있는 원형 대리석판 위에서 보면 4개의 기둥이 하나로 포개져 보이는데 베르니니의 치밀성과 정확성에 찬탄을 금할 수 없다.

성 베드로 대교회

　성 베드로 대교회 정면은 카를로 마데르나 작품으로 높이 45m, 가로 114m이다. 상단 중앙에 그리스도가 있고 양 옆으로 세례 요한과 열한 제자 상들이 자리 잡고 있는데 오른쪽 시계 밑에 있는 베드로의 종은 직경 3.5m에 무게만도 10톤이다. 여기서 눈여겨볼 것은 정면 상단 부분은 처음

에는 설계되지 않은 부분이었는데 석상들을 배치하려고 추가로 올린 것이다. 앞 페이지 사진에 흰색선 부분 이로 말미암아 대교회의 쿠폴라를 완전히 가리게 되었다. 이것은 성 베드로 대교회의 위용스런 돔의 모습을 감추어 버린 대 실패작이었다. 결국 쿠폴라 전체를 보려면 천사의 성 근처까지 후퇴하여야 하는데 그 위치에서는 위용을 느끼기에는 이미 먼 거리가 되고 만다. 쿠폴라는 직경 42m로 미켈란젤로에 의해 설계되었고 시공은 자코모 델라 포르타가 했다. 132m의 이 거대한 돔은 마치 삼중관처럼 보인다.

교회 내부로 들어가면 첫 번째 방에서 만나는 것은 미켈란젤로의 '피에타'Pieta이다. 십자가에서 내려진 아들 예수의 시신을 모친 마리아가 가슴에 품고 있는 모습이다. 아들의 시신을 안고 있는 마리아의 모습 속에서 미어지는 슬픔의 모성애를 드러내기보다 억누르는 차분함과 구원자에 대한 숭고한 신앙심이 드러난 조각품으로 보는 이로 하여금 매우 성스러움

베드로의 청동상

피에타

닳아 없어진 발가락

을 느끼게 해 준다. 이것은 미켈란젤로의 약관 24세 때인 1499년 작품으로 그의 전 생애 작품 중 유일하게 이곳에 서명을 남겼다.^{가슴 레이스 위에}

당시 마리아의 모습이 너무 젊다고 비난을 받았는데 미켈란젤로는 성모의 순결한 얼굴은 시간에 의해 손상될 수 없다며 일축해 버렸다. 1977년 한 정신착란자에 의해 망치로 마리아의 코가 손상당하는 일이 생겼는데 그 후 방탄유리로 막아버렸다.

중앙으로 가면 피렌체 두오모^{Duomo}를 설계한 아르놀프 디 캄비오가 제작한 베드로의 청동상을 만나게 된다. 성 베드로 대교회가 세워진 이후 500여 년 동안 순례자들의 끊임없는 행렬이 이어져 왔는데 베드로의 발을 만지고 입맞춤하여 오른쪽 발은 모두 닳아 없어졌고 이제는 왼쪽 발마저 그 형체를 잃어가고 있다.

베드로 무덤 위에 있는 천개

베드로의 발자취 111

교회 가운데 돔 아래에는 천개가 있다. 작아 보이지만 의외로 5층 높이다. 교회 규모가 워낙 크다 보니 작게 보일 뿐이다. 이것은 로렌조 베르니니의 27세 때의 수작으로 올리브와 월계수 가지 모양으로 장식된 나선형 기둥들은 하늘을 향해 올라가는 영혼의 움직임을 상징한다. 이곳 제대는 교황만이 미사를 집전한다. 교황 외에는 아무도 올라갈 수 없는 성역이다. 그래서 일명 교황 제대라고도 불린다. 그래도 딱 한 사람 예외로 올라가는 사람이 있다는데, 다름 아닌 환경미화원이라 한다.

천개 아래는 베드로의 무덤이 자리 잡고 있다. 이곳에는 베드로의 유골과 예루살렘에서 가져온 십자가, 성녀 베로니카의 수건, 예수를 찌른 로마 병사 론지노의 창 등이 보관돼 있는데 일반인은 열람할 수 없고 서면 예약자에 한해 개방한다. 1963년 이탈리아 인류학자 마리오 코렌티^{Mario}

돔 내부　　　　　　　　　　　　　　교황 알렉산더 7세 기념물

Correnti가 베드로의 뼈를 분석한 결과를 발표하였는데 유골이 AD 60~70년 대의 한 남성의 것임을 확인하였다.

천개 주변으로는 4명의 석상들이 자리 잡고 있다. 예수님의 죽음을 확인한 로마 백인대장 부하인 론지노가 예수님의 옆구리를 찔렀던 창을 들고 있다. 그는 "이분은 참으로 하나님의 아들이었다"[마 27:54]라고 고백한 백부장과 함께 그리스도 신자가 되었다. 왼쪽 옆으로 있는 석상은 기독교를 공인한 콘스탄티누스 대제의 모친이며 골고다 언덕에서 예수님의 십자가 일부와 가시조각, 못 조각을 가져온 성녀 헬레나가 있다. 다시 왼쪽은 성녀 베로니카로 혈루증을 앓던 여인으로 알려져 있다.[눅 8:43] 그녀는 골고다 언덕에 오르시던 예수님의 피 묻은 얼굴을 수건으로 닦아 드렸는데 그 수건에 예수님의 얼굴이 그대로 새겨졌다. 이 유물은 예루살렘에 보관되어 있다가 십자군 원정 시 로마로 가져온 것이다. 그 다음 석상은 베드로의 형제인 X자형으로 순교한 사도 안드레이다.

그곳에서 위를 올려 보면 96개의 모자이크로 구성된 돔 내부를 보게 되는데 둘레 창에서 들어오는 빛에 반사되어 쏟아져 내리는 광채가 황홀하다. 돔 아래 테두리에는 주님께서 베드로의 이름인 반석 위에 교회를 세우고 천국의 열쇠를 준다는 마태복음 16장 18~19절 말씀이 라틴어로 적혀 있다. 그 아래 네 모서리에는 4복음의 저자 마태, 마가, 누가, 요한의 원형 모자이크가 자리 잡고 있는데 직경이 8m이고 마가가 손에 들고 있는 펜 길이가 1.65m이다. 그러나 워낙 높이가 있다 보니 20cm 자 크기 정도로 보인다.

교회 후진은 성 베드로 대교회를 완성한 우르반 8세 기념관으로 역시 베르니니의 작품이다. 베드로의 청동의자를 받들고 있는 서방교회[가톨릭]의 성 암브로시오, 성 아우구스티노 그리고 동방교회[그리스정교회]의 성 아타나시오, 성 크리소스톰의 교부 상들이 자리 잡고 있다. 베드로의 청동의자는 베드로가 사용한 나무의자에 청동을 입힌 것인데, 나중에서야 진품이 아니라 샤를마뉴 2세가 신성로마제국 황제 제관식을 기념해 교황청에 기증한 것으로 밝혀졌다.

천개 왼편으로 교황 알렉산더 7세의 기념물실이 있는데 80세가 된 베르니니의 마지막 걸작품이다. 붉은 대리석을 마치 종이처럼 구겨서 만든 형태로 모래시계를 들고 있는 거대한 해골은 죽음의 시간은 이미 모두 지나갔음을 상징한다.

그곳에서 출구 방향으로 나오다 클레멘트 예배당 옆에 라파엘로의 '예수의 변모' 그림을 볼 수 있는데 산 위에는 변형되신 예수님과 더불어 모세와 엘리야가 있고, 산 아래에는 귀신들린 아이를 놓고 서기관들과 변론하고 있는 제자들의 모습이 보인다.[막 9장] 이 그림은 복제품으로 오리지널은 바티칸 박물관의 회화관인 피나코테카^{Pinacoteca}에서 감상할 수 있다.

교회 내에는 많은 교황들의 무덤이 자리 잡고 있어 성 베드로 대교회가 교황들의 화려한 무덤 터라고 비난을 받기도 하는데 기억하고 넘어가야 할 분은 바로 교황 요한 23세이다. 그는 1958년 77세에 교황이 되었는데 시골 동네 아저씨 인상이었던 그를 보며 사람들은 무엇을 기대할 수 있을까 의문을 던졌다. 그러나 그는 금세기 가장 위대한 업적을 남기게 되었다. 그는 가톨릭의 대대적인 회개와 쇄신^{Aggiornamento}을 촉구하면서 1962년 제2차 바티칸공의회를 개최하였다. 이를 통해 그동안 이단시 되었던 동방정교회, 성공회, 개신교를 처음으로 분리된 형제로 인정하며 교회의 화해와 일치를 촉구했다. 개신교를 가톨릭의 형제 교회로 선포한 것은 교회 역사에 있어 아주 중요한 의미를 갖는다. 당시까지 가톨릭에서는 교회 밖에는 구원이 없으며 교회는 오직 가톨릭 교회만을 인정했기 때문이다. 결국 개신교에도 구원이 있음을 인정한 것이다. 이로써 교회의 대화합이 시작되었는데 이는 루터의 종교개혁 이후 처음으로 개신교와 화합을 갖은 가톨릭교회의 대변화의 역사였다.

면적 25,616 평방미터, 둘레 1,778m, 제대 44개, 돔 11개, 기둥 778개, 동상 395개, 135점의 모자이크 그림, 중앙 홀 187m, 가로 140m, 높이 46m, 돔 높이 137m의 거대하고 화려한 성 베드로 대교회를 보면 머리 둘 곳 없이 사신 예수 그리스도와 부합되지 않는다는 또 다른 비난의 소리가 있다. 그러나 성 베드로 대교회는 화려한 대리석으로 세워진 것이 아니라 신앙심으로 세워졌음을 인식할 필요가 있다. 부족한 재정을 채우기 위해 면죄부 판매란 오명도 남겼지만, 쌓아올린 돌 하나하나 사이에는 신앙의 정신이 들어가 있다. 120년의 오랜 공사 기간, 19명의 교황이 바뀌는 과정에서도 한 사람에 의해 계획되고 지어진 것처럼 보이는 것은 오직 한 정신으로 쌓아졌기 때문이다. 오늘날 탁월한 현대 기계 장비가 있음에도 불구하고 이러한 건물을 설계조차 시도하지 못하는 것은 바로 이런 정신이 없기 때문이라고 이야기한다. 성 베드로 대교회는 인간이 지을 수 없는 건축물이란 평을 받는다. 이는 비 기독교인이라 해도 교회를 보고 나면 대부분 인정하는 말이다. 이곳은 인간의 한계를 뛰어 넘어 하나님의 능력이 나타난 곳이요, 하나님은 이 교회를 통해 자신의 임재를 나타내 주셨다는 것이다.

이 땅에 있는 인상적인 것들은 사실 하늘에 있는 원형에 영감을 받은 그림자인 경우가 대부분이다. 교회 역시 하늘에 있는 성전의 예표라 할 수 있는데 웅장하고 화려한 성 베드로 대교회도 하늘에 있는 원형에서 영감을 얻은 것임에 틀림없다.

교회 밖을 나오면서 색동옷을 입고 긴 창을 들고 있는 재미있는 병사를 볼 수 있는데 1506년 율리우스 2세가 창설한 교황 근위대 병사들이다. 1527년 신성 로마 제국 카알 5세의 로마 침입 시 메디치 가문의 교황 클레멘스 7세를 스위스 용병들이 무사히 피신시켰다. 당시 모든 용병들은 다 도주하였는데 스위스 병사들만은 끝까지 자리를 지킨 것이다. 이를 인정받아 이후 바티칸 근위병은 스위스 병사들만 채용했는데 지금까지 계속 유지되고 있으며 근위대 복장조차 메디치 가문의 상징인 빨강, 파랑, 노랑의 16세기 복장을 그대로 유지하고 있으며, 이것은 미켈란젤로가 디자인한 것이다.

2) 시스티나 예배당 Cappella Sistina

(1) 천지창조 La Creazione

1377년 프랑스의 아비뇽에서 교황청이 되돌아온 후 교황의 새 거주지가 된 곳이 바로 현재 바티칸 박물관이 있는 곳이다. 바티칸이란 이름은 에트루리아 시대에 이 구역을 바티쿠스 Vaticus 라 불린 데 있다. 교황 인노첸트 8세가 1490년경 바티칸 언덕의 북쪽에 자신의 거처로 쓸 궁전을 지으

시스티나 예배당

면서 현재의 바티칸 궁전 윤곽을 갖게 되었다. 르네상스가 피렌체에서 꽃 피고 로마에서 만개했다는 말은 바로 교황들이 당시 예술가들을 이곳으로 불러들여 자신들의 거주지 궁전을 데코레이션 시킴으로 예술가들의 실력을 마음껏 펼치게 하여 로마를 르네상스의 실전장으로 만들었는데 이곳이 지금의 바티칸 박물관Musei Vaticano이 된 것이다. 바티칸 박물관은 영국의 대영 박물관, 프랑스의 루브르 박물관과 더불어 세계 3대 박물관 중 하나이며, 이중의 백미는 바티칸 박물관의 시스티나 예배당이다.

이곳에 들어서면 사진을 찍지 말 것과 조용히 할 것을 주의 받는다. 그럼에도 불구하고 예배당 내에는 웅성거리는 소리와 수시로 조용히 하라는 주의가 교차하며, 때론 카메라 플래시가 터져 관리자가 쏜살같이 그곳을 향해 달려가지만 빼곡히 차 있는 관중 중에 범인을 찾아내기는 그리 쉬운 일이 아니다.

1483년에 완성된 이 예배당은 예루살렘의 솔로몬 성전 크기와 같은 직경 40.23m, 가로 13.41m, 높이 20.73m이다. 이곳은 교황의 선출콘클라베. Conclave-라틴어로 '자물쇠가 채워진 방'이란 뜻 장소로 유명하기도 하지만 실상 이곳을 유명하게 만든 것은 미켈란젤로의 대작 "천지창조"와 "최후의 심판" 그림 때문이다.

기독교인이라면 일생 한번쯤 방문하고 싶은 곳이 로마의 카타콤이고, 가톨릭 신자가 일생 한번 가보고 싶은 곳이 로마의 성 베드로 대교회라면, 이곳은 미술가라면 일생의 한번은 오고 싶은 그런 곳이라 하겠다. 교황 식스투스 4세는 자신의 묘를 조성할 목적으로 예배당을 지었는데 그의 이름을 따라 시스티나 예배당으로 불리게 되었다. 당시 이곳을 장식할 목적으로 당대 유명한 화가들을 불러들였을 때 피렌체와 페루지아 출신 화가들이 처음으로 토스카나와 움부리아 화풍으로 중간 벽면에 8장의 프

15세기 작. 멜롯조 다 포를리Melozzo da Forli의 식스투스 4세의자에 앉아 있는 사람 왼쪽 붉은 옷을 입고 서 있는 사람이 후임 교황이 된 율리우스 2세이다.
바티칸 박물관 피나코테카 소장

레스코화를 그렸고 천장에는 별들이 떠 있는 하늘을 그려 놓았다. 그러나 식스투스 4세의 뒤를 이어 교황이 된 그의 조카 율리우스 2세는 남은 벽면의 공간을 채우기 위해 미켈란젤로를 불러들였다.

여기에는 미켈란젤로와 극도의 라이벌 관계에 있었던 성 베드로 대교회를 설계한바 있는 브라만테의 추천이 있었기 때문이다. 당시 미켈란젤로는 프레스코화 경험이 전혀 없는 단지 이름난 조각가에 불과했다. 브라만테의 추천 의도는 교황의 요구에 미켈란젤로는 분명히 사양할 것이고 그러면 그의 명성이 실추될 것이며, 만약 교황의 요구에 미켈란젤로가 응한다 해도 능력 부족으로 졸작을 그려 창피를 당할 것이라 예측했기 때문이었다. 한마디로 그를 난처하게 하려는 의도가 다분히 있었던 것이다.

예상대로 미켈란젤로는 교황의 청에 자신은 미술가가 아니란 이유로 정중히 거절했는데, 뜻밖에 미켈란젤로의 천재성을 알아본 율리우스 2세의 안목으로 집요하게 그를 설득하여 결국 승낙을 받아냈다. 그런데 미켈란젤로는 빈 벽면은 물론 천장까지를 대상으로 하고, 주제나 스타일에 대해 전혀 간섭이나 통제하지 않으며 혼자 작업할 것을 조건으로 내세웠다.

1508년 작업에 들어간 그는 등과 고개가 굽는 고통 속에서 4년 5개월 후 이를 완성하였다. 그림이 완성되기 3달 전 궁금증을 견딜 수 없었던 교황은 미켈란젤로에게 한 번만 보여 달라 요청했으나 단 한마디로 거절당하였다. 애걸과 같은 요구를 거절당한 교황은 극도로 화가 나 교황의 지팡이로 미켈란젤로를 내리쳤다. 이에 미켈란젤로도 붓을 던지고 자신의 방으로 돌아가 고향인 피렌체로 돌아가고자 보따리를 쌌다. 이에 교황은 금은보화를 보내며 공식적으로 사과하여 미켈란젤로의 분을 풀어 주었고, 겨우 작품의 완성을 보게 되었다 하는데 이는 교황청에서도 내놓지 않은 비밀 야사일 뿐이다.

　교황 율리우스 2세는 애석하게도 그림이 완성된 지 3개월 후에 죽었다. 내용은 구약성경의 천지창조 일화로 "빛과 어둠의 분리, 해와 달의 창조, 물과 땅의 분리, 아담의 창조, 이브의 창조, 원죄와 낙원추방, 노아의 제물, 노아의 대홍수, 술 취한 노아"이다. 그림은 역 순서로 그렸다고 하는데 아마도 천지창조의 그림에 대해 부담이 있었던 것 같다. 네 모서리 삼각형 공간에는 다윗과 골리앗, 유딧과 호로페르네스, 아만의 십자가 처형, 청동뱀 등 유대인의 구출 기적 장면을 연출했다. 이전에 그려진 예배당 중간 양 벽면의 작품들은 모세의 일대기와 예수의 일대기인데 당대 유명한 화가들이 참여했었다. 그런데 이 그림들을 유심히 관찰해 보면 마치 한 사람이 그린 듯한 획일성을 가지고 있다. "비너스의 탄생", "봄"을 그려서 당시 화단에 신선한 충격을 주었던 보티첼리의 그림조차 도전적이고 탐구적 대담성을 전혀 찾아볼 수 없고 종교적인 틀을 벗어나지 못하고 있다. 이것은 그림을 그릴 때 모두가 교황청의 요구대로 종교적 틀을 벗어나지 못했기 때문이다. 이에 비해 미켈란젤로의 작품 속에서는 작가로서의 강한 개성과 독창력이 여실히 드러나고 있으니 이것이 그를 유명하게 만든 요소이며, 그의 그림을 이해할 수 있는 포인트이다.

시스티나 예배당의 최후의 심판

바티칸 박물관
주소 : Viale Vaticano, 100
개방 시간 : 월-토 09 : 00 - 16 : 00
　　　　　　매월 마지막 주 일요일 09 : 00-12 : 30(무료)
지도 : 4구역

괴테는 "시스티나 예배당을 보지 못한 자는 인간의 능력의 한계가 어느 정도인지 상상할 수 없을 것이다." 하였고 "내 가슴에 이 그림들을 못 박아 놓을 수 있다면 얼마나 좋을까"라고 했다.

(2) 최후의 심판 Giudizio Universale

"천지창조" 그림을 그린 후 붓을 놓았던 미켈란젤로는 25년이 지난 후 교황 클레멘스 7세의 부름을 받았다. 이미 61세의 노인이 된 미켈란젤로는 다시 붓을 들어 노익장의 정렬을 쏟아 "최후의 심판" 그림을 450일 만에 완성해서 1541년 성탄절에 공개하였다. 거의 300여 명에 달하는 인물들을 최후의 날에 혼돈 속에서의 극적인 순간을 묘사했는데 심판주 그리스도의 장엄한 모습과 심판 받는 인간들의 모습이 너무나 생생하게 그려졌다. 중세시대는 신자들이 성경을 읽을 수도, 감히 볼 수도 없는 시대였다. 일반 백성들이 쉽게 이해할 수 있는 것은 오직 그림이었다. 그리하여 예술가들은 그림을 통하여 성경의 메시지를 알렸는데 미켈란젤로가 그린 "그리스도의 최후의 심판"은 역대 어떤 예술가보다, 어떤 설교가보다도 가장 생생하고 확연하게 하나님의 심판의 메시지를 전했다. 그는 한 장의 그림에 모두 사상과 세계관을 요약해 주었다. 이 그림은 당시뿐만 아니라 시대를 초월하여 오늘날 현대인들에게도 공감을 불러일으키고 관심과 애착을 갖게 한다.

최후 심판의 날 먼저 나팔수들이 나팔을 힘차게 분다.^{그림 중앙 하단} 후에 나팔수 곁에 있는 책을 든 자들이 책에 적힌 이름을 호명하는데, 작은 책을 든 자에 의해 불린 자들은 무덤에서 일으켜 세워져 위로 끌어 올려진다. 흑인 둘을 묵주로 끌어 올림은 구원은 인종차별 없이 만인에게 개방되어 있음을 암시해 준다. 이때 호명된 자들은 십자가와 예수님이 묶이셨던 기둥을 붙들고 천국에 이른다. 반면 큰 책을 든 자에 의해 불린 자들은 지옥으로 떨어지기 시작한다. 경악하는 여인의 모습과 저승으로 보내는 늙은 뱃사공 카론이 안 가고자 발버둥치는 자들을 내쫓고 있고 오른쪽 하단에 지옥 대장이 지켜보고 있다. 그림 상단 중앙에 심판주 예수 그리스도가 늠름한 모습으로 서 있다.

당시 이 그림은 많은 구설수에 올랐다. 당시까지 그리스도의 모습은 빼빼 마르고 십자가에서 죽으신 가련한 모습이었다. 이런 모습만 보았던 당대 사람들이 수염도 없이 매끈하고 정렬이 넘치는 근육질의 건장한 청년의 모습을 보니 당황할 수밖에 없었다. 그러나 미켈란젤로가 그린 심판주로서의 그리스도는 위풍당당하고 건장했을 뿐만 아니라 머리카락을 곱슬머리로 만들어 권세와 힘도 함께 실어 놓았다. 이는 노아 때의 홍수 심판과는 다른 완전한 심판을 의미하고 있다. 이는 아무도 상상할 수 없는 미켈란젤로에게서만 나올 수 있는 사상이었다.

그리스도 옆에 있는 성모 마리아는 심판이 얼마나 극렬한지 두 팔로 가슴을 쥔 채 차마 볼 수 없어 고개를 돌렸다. 그리스도 오른쪽에 바울과 베드로가 있고 대칭으로 세례 요한이 있다. 그리고 베드로 아래에 사람의 피부껍질을 들고 있는 자가 있는데 그가 바로 이렇게 순교한 사도 바돌로매이다. 그런데 미켈란젤로는 바돌로매의 얼굴에 자신의 얼굴을 그려 넣었다. 이를 통해 그는 자신의 생애 동안 끊임없이 괴롭혔던 종교와 자신의 사상 간의 고통과 번뇌를 표출하였다.

이 그림의 또 다른 시비는 교황 의전 담당관 비아지오 다 체세나였다. 그림 속의 모든 인물들은 미켈란젤로가 인간의 존엄성을 강조하고 인간 본연의 모습을 나타내기 위해 과감하게 옷을 벗긴 나체 상태였다. 바로 이러한 나신에 시비를 건 것이다. 체세나는 일개 붓쟁이에 불과한 미켈란젤로가 교황에게 대하는 태도나 교황이 그를 대접하는 것이 못마땅하여 그

림이 음란하다고 혹평하였다. 이에 미켈란젤로는 조용히 그림 오른쪽 한 구석으로 다가가 그리스신화에 등장하는 뱀에 감겨 있고 나귀의 귀를 갖고 있는 미노스의 얼굴을 체세나의 얼굴로 바꾸어 놓았다. 그리고 뱀이 그의 중요한 부분을 물게 했다. 이를 본 체세나는 낭상 교황을 찾아갔다. 그리고 흥분된 어조로 미켈란젤로가 자신을 지옥 대장으로 그려 놓았다고 비난하며 당장 교황명으로 자신의 얼굴을 지워 줄 것을 요청했다. 그런데 교황 바오로 3세는 아주 안타까워하며 이렇게 답변했다고 한다.

"자네가 한 칸만 올라왔으면 좋았을 것을……. 자네가 있는 그곳은 지옥 내 권한이 전혀 없는 곳이네……." 그림은 천국, 연옥, 지옥으로 삼분화 되어 있는데 현재 체세나가 있는 곳은 지옥이고 한 칸 위가 연옥이었다.

결국 그의 얼굴은 지우지 못하고 그대로 남게 되었고, 지금까지 후대 사람들의 입방아에 계속해서 오르내리고 있다. 나신에 대한 시비는 계속되었는데 결국 1565년 트렌트 공의회의 결정으로 다니엘레 다 볼테라가 속옷을 입혀 넣었는데 그가 죽기 1년 전이었고 애석하게 그는 이 작품으로 'Il braghettone'^{거대한 바지}라는 아름답지 못한 별명을 얻었다 _{이탈리아어로 brachetta는 바지의 앞자락, 복수로 짧은 바지를 의미한다.}

인류 최후의 날에 그리스도의 장엄한 모습과 심판 받는 인간들의 모습이 너무나 생생하여 영국 헨리 8세 왕을 파면시킬 정도로 두려울 것이 없었던 교황 바오로 3세마저 이 그림 앞에서 심한 두려움에 사로잡혀 "어떻게 하면 구원을 받을 수 있을까?" 하며 떨 정도였다고 한다.

곁/길/   베드로의 열쇠의 비밀

　　베드로의 열쇠가 왜 두 개일까? 정말 천국의 열쇠이기 때문에 분실을 우려해 하나를 보조키로 준비된 것일까? 아주 어려운 문제는 의외로 간단히 풀리는 경우가 많은데 베드로의 열쇠가 두 개인 것은 예수님이 베드로에게 주신 열쇠가 하나가 아니기 때문이다. 로마에 있는 조각 작품들이나 미술품에는 예술가들의 창작성이 담겨져 있지만 그 기초는 항상 역사나 성경에 있었다. 특히 종교적 작품들은 모두 성경에 기초하여 제작되거나 그려졌다. 마태복음 16장 18~19절에는 예수님의 열쇠 수여식 장면이 나오는데 히브리어 성경, 헬라어 성경, 라틴어 성경, 최근의 NIV 성경에 이르기까지, 모든 성경에는 '열쇠들'이라고 복수로 쓰여 있다. 오직 우리말 성경에만 '열쇠'라는 단수로 번역되었다. 그러므로 열쇠가 두 개인 것은 단지 복수의 의미를 두고 있을 뿐이다. 더 정확히 표현한다면 아마도 열쇠 꾸러미를 들고 있어야 할지도 모른다. 천국의 문이 몇 개인지는 아무도 가보지 못했기 때문에 누구도 알 수 없다.

또/히/나/의/곁/길/   어렵게 풀어보는 베드로의 열쇠

　　"내가 천국 열쇠를 네게 주리니……"마 16:19

　　이 본문은 이사야 22장 22절 "내가 또 다윗의 집의 열쇠를 그의 어깨에 두리니 그가 열면 닫을 자가 없겠고 닫으면 열 자가 없으리라"에서 유래한 내용으로, 다윗의 후손으로 오실 메시야의 절대주권을 예언하고 있다.계 3:7 열쇠는 상징적으로는 권위나 권력 또는 지배력을 뜻하는데마 16:19; 계 1:18; 3:7 한편으로 열쇠는 청지기로 임명된 자에게 주어지는 것으로 열고 닫을 수 있는 권한을 상징한다. 고대에서는 하늘이 문들에 의해 닫혀 신과 천사가 그 문의 열쇠를 가지고 있다는 사상이 널리 퍼져 있었다. 요한계시록 11:6의 두 증인은 하늘을 닫을 수 있는 권능을 가지고 있었고, 요한계시록 9:1과 20:1에서는 천사가 하늘로부터 가져온 무저갱의 열쇠가 언급되어 있다. 부활하신 그리스도는 사망과 음부의 열쇠를 가지고 계신다.^계1:18 즉, 그리스도는 지하세계의 문을 열고 죽은 자들을 부활시킬 수 있는 능력을 가지고 있는 것이다. 요한계시록 3:7은 부활하신 그리스도가 열면 닫을 사람이 없고 닫으면 열 사람이 없는 '다윗의 열쇠'를 가지고 계신다고 말한다. 그리스도는 다윗의 약속된 자손으로서 구원과 심판을 통제하는 하나님의 영원한 왕국의 열쇠를 가지고 계신 것이다.

마태복음 16장 19절에서 그리스도가 베드로에게 수여한 열쇠는 '천국 열쇠'이다. 여기서 천국은 그리스도 교회를 가리킨다. 예수님께서는 "주는 그리스도시요 살아 계신 하나님의 아들이시니이다"라는 베드로의 신앙고백 직후 "너는 베드로라 내가 이 반석 위에 내 교회를 세우리니 음부의 권세가 이기지 못하리라" 말씀하시고는 천국 열쇠를 수여하는데 이는 장차 세워질 교회에서의 어떤 특별한 권한을 베드로에게 부여하시겠다고 약속하신 것이다. 가톨릭에서는 이를 근거로 교황권의 정당성을 주장한다. 그러나 천국 열쇠가 의미하는 것은 무엇일까? 그것은 베드로로 대표되는 교회가 천국 복음을 선포함으로써 믿는 자들에게는 천국을 열어 주지만 그렇지 않은 자에게는 문을 닫는다는 것을 의미한다. 어렵게 푼 베드로의 열쇠의 비밀은 혹시나 두 개의 천국 열쇠 중에 하나는 죽은 자들을 부활시키기 위해 지하세계 문을 열 수 있는 하늘로부터 가져온 무저갱^사망과 음부의 열쇠는 아닐까?

5
다섯 번째 보화
제자들의 무덤

빌립, 야고보(소)의 무덤
거룩한 사도들의 교회

바돌로매 무덤
바돌로메오 교회

열 두 제자들
성 요한 대교회

제자들의 무덤

1. 빌립, 야고보의 무덤 - 거룩한 사도들의 교회 Basilica dei Santi Apostoli

베네치아 광장Piazza Venezia에서 트레비 분수로 가는 중간 길목 끝자락에 거룩한 사도들의 교회가 자리 잡고 있다. 트레비 분수가 근처에 있기 때문에 많은 관광객들이 지나치는 곳이지만 별 관심을 받지 못한 채 서 있다. 기독교인들조차도 로마에 흔하게 있는 또 하나의 교회로 여길 뿐이다. 그런데 이곳에 아주 중요한 보화가 숨겨져 있다. 바로 예수님의 12제자 중 빌립과 야고보의 무덤이다.

2011년 8월, 기독교인들을 주목시킨 뉴스가 있었다. 사도 빌립의 무덤이 터키 히에라폴리스에 있는 빌립순교기념교회 부근에서 발견된 것이다.

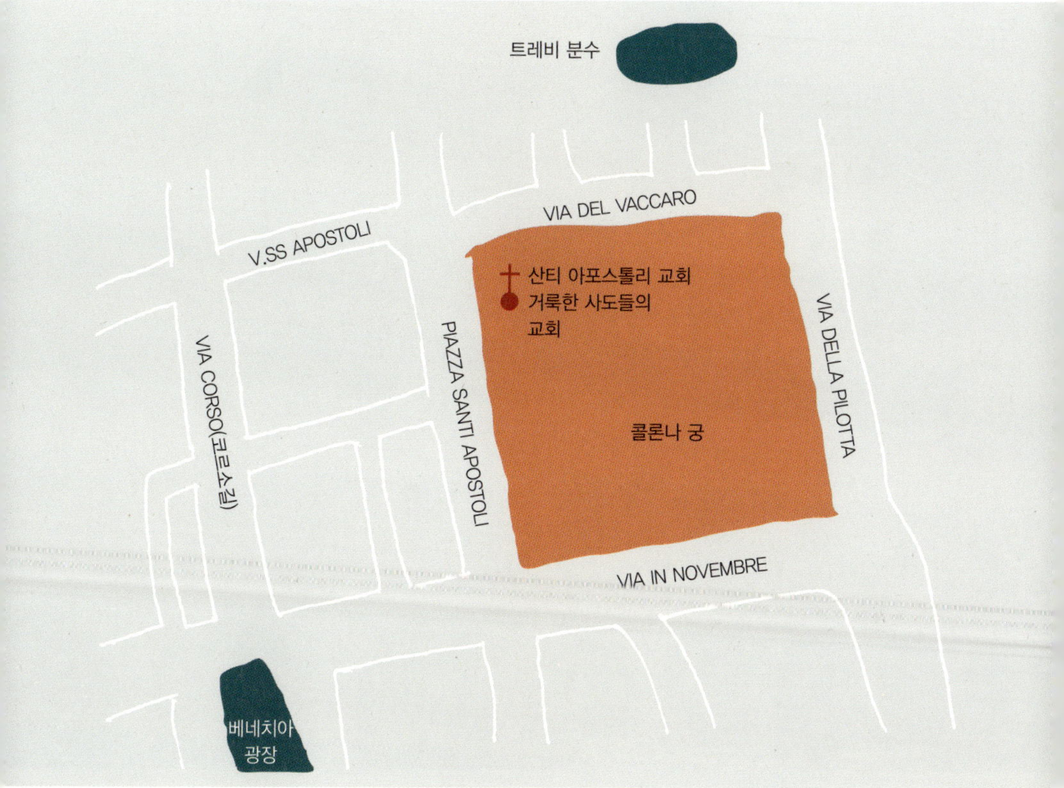

트레비 분수

VIA DEL VACCARO

V.SS APOSTOLI

✝ 산티 아포스톨리 교회
● 거룩한 사도들의 교회

VIA CORSO(코르소길)

PIAZZA SANTI APOSTOLI

VIA DELLA PILOTTA

콜론나 궁

VIA IN NOVEMBRE

베네치아 광장

거룩한 사도들의 교회
교회 주소 : Piazza dei Santi Apostoli 51, Roma
개방시간 : 매일 오전 07:00-12:00 오후 16:00-19:00
지도 : 3구역

제자들의 무덤　131

거룩한 사도들의 교회 정면

발굴 단장인 이탈리아의 고고학자 프란체스코 디 안드레아는 32년 동안 고대 도시 유물을 발굴해 오다 얻은 쾌거라며 고고학계는 물론 기독교 역사에 매우 중요한 발견으로 큰 기대감을 나타냈다. 전승에 의하면 빌립은 터키 에베소 지역에서 전도하다 순교하였으며 소아시아 히에라폴리스에 묻혔다 한다. 그런데 그의 무덤이 로마에 있다니 도대체 어떻게 된 일일까?

문제는 사도 빌립과 전도자 빌립과의 불명확한 구별에 있다. 사도 빌립은 예수님의 12제자 중 하나인 빌립을 말하고 전도자 빌립은 성경에 나오는 일곱 집사 중의 하나를 말한다. 사도행전 6장에 보면 예수님의 제자 수가 많아져 열두 사도가 하나님의 말씀을 제쳐 놓고 구제를 일삼은 것이 마땅치 아니하다 하여 성령과 지혜가 충만한 칭찬 받는 사람 일곱을 택하여 그들에게 일을 맡기니 성령이 충만한 사람 스데반과 빌립과 브로고로와 니가노르와 디몬과 바메나와 안디옥 사람 니골라였다라고 한다.[행 6:1-6] 또한 사도행전 8장을 보면 에디오피아 여왕 간다게의 내시에게 이사야의 글을 깨우쳐 준 빌립이 등장하는데 이 또한 전도자 빌립이며,[행 8:26-40] 21장 8절에는 일곱 집사 중 하나인 전도자 빌립이라 명시하고 있다.

이처럼 성경에서는 사도 빌립과 전도자 빌립을 구별할 수 있지만, 학자들 사이에서는 예수님의 12제자 중의 하나인 사도 빌립과 일곱 집사 중의 하나인 전도자 빌립의 구별을 정확하게 하지 못하고 있다. 왜냐하면 전도자 빌립도 예수님의 제자였고, 보통 그의 명칭도 사도 빌립이라 썼기 때문이다. 이로 인해 역사가들이나 초대교회 교부들조차도 사도 빌립과 전도자 빌립을 혼동하기는 마찬가지였다.

사도 빌립은 안드레와 베드로와 같은 동네인 벳새다 사람이었다. 갈릴리에서 예수님의 부르심에 단순히 따라나섰던 자였고, 그 즉시 나다나엘을 찾아가 모세가 율법에 기록하였고 여러 선지자가 기록한 그분을 우리가 만났으니 나사렛 예수라 신앙고백한 자였다. 나다나엘이 나사렛에서 무슨 선한 것이 날 수 있느냐 반문하자 그는 큰 음성으로 '와 보라' 하였던 확신 가득한 믿음을 소유한 자이기도 했다.^{요 1:43-46} 한편 그는 오병이어 기적의 들판에서 이백 데나리온이라는 수학적 답을 내놓은 현실적이고 계산이 명석한 이해타산적인 사람이기도 하였다.^{요 6:7} 나중에 그는 예수님을 대면하면서도 하나님을 직접 보여 달라 하며 영적으로 둔하기조차 했던 자였다.^{요 14:7-9} 전승에 의하면 사도 빌립은 에베소 지역에서 신실하게 주를 섬기다 채찍에 맞고 감옥에 갇혔으며, AD 54년 소아시아의 히에라폴리스에서 기둥에 묶여 순교했다 한다.

전도자 빌립은 첫 교회의 일곱 집사 중에 하나로 성령이 충만하고 지혜가 있으며, 많은 사람들로부터 칭찬 받던 모범된 신앙인이었다. 사도행전 21장 9절은 그에게 네 명의 딸이 있었고 모두 처녀로 예언하는 자였다고 말하고 있다. 기록들에 의하면 전도자 빌립은 히에라폴리스에 묻혔고, 평생 처녀로 지낸 그의 두 딸 역시 그곳에 매장되었다고 한다. 그녀들의 선지자 활동에 대해서는 당대 최고의 교회사가인 유세비우스도 언급할 정도였다.

전승과 기록에 의하면 사도 빌립과 전도자 빌립 모두 히에라폴리스에서 활동하다 묻혔다. 최근 고고학자 프란체스코 디 안드레아가 발표한 발굴 무덤은 사도 빌립의 무덤이다. 그런데 로마의 거룩한 사도들의 교회에 있는 것 또한 사도 빌립의 무덤이다. 어떻게 하여 사도 빌립의 무덤이 두 개가 된 것일까?

사도 빌립과 전도자 빌립의 불명확한 구별은 매우 복잡한 결과를 가져왔는데 현재로는 최근 발견된 무덤이 사도 빌립의 무덤인지 전도자 빌립의 무덤인지 알 수 없고, 발굴단이 무덤 내에 있는 글과 구조를 분석하여 빌립의 무덤임을 확증하였다 하나 그의 유골이 6세기 이전에 이미 로마로 옮겨진 것인지 지금으로서는 알 수 없는 일이다. 유골이 발견되었다고는 발표되지 않았다.

거룩한 사도들의 교회는 4세기에 세워졌는데, 6세기 교황 펠라지오 1세에 의해 사도 빌립과 작은 야고보의 유골을 이곳으로 옮겨 와 이후 거룩한 사도들의 교회로 불리게 되었다. 오늘날 교회는 1348년의 지진에 의해 파괴되었다가 15세기에 복원되었으며 이때 바로코 양식을 따른 인테리어를 첨가시켰다.

빌립과 작은 야고보의 무덤

마가복음 15장과 16장에는 십자가에서 운명하신 예수님을 바라보던 여인들과 향품을 바르기 위해 예수님의 무덤을 찾은 여인들의 이름이 나오는데, 막달라 마리아와 작은 야고보와 요세의 어머니 마리아와 살로메이다. 마태복음 13장에는 예수님의 고향 사람들이 그의 가르침과 지혜와 능력에 놀라 "이는 목수의 아들이 아니냐 그 모친은 마리아, 그 형제들은 야고보, 요셉, 시몬, 유다라 하지 않느냐"라고 반문하는 장면이 나온다.

이로 인하여 작은 야고보는 예수님의 친 동생으로도 알려져 있기도 하며, 혹은 그의 어머니가 예수님의 모친 마리아와 자매 관계로 이따금 '주님의 동기간'으로 불리기도 하였다. 또한 그는 알패오의 아들로 세베대의 아들 야고보와 구별하기 위해 '소 야고보'로 불리기도 한다.

전통적으로 작은 야고보는 예루살렘의 첫 번째 주교로 알려져 있는데 헤롯 아그립바 1세의 박해로 베드로가 예루살렘을 떠나자 그가 예루살렘 교회의 지도자가 되었다고 한다. 사도 바울은 그를 교회의 기둥이라 불렀고[갈2:9] 그리스도 부활의 증인[행4:33]이라 말하였다. 당시 유대인들은 야고보를 크게 존경하였으며 그에게 '정의의 야고보'란 이름까지 지어 주었다. 그러나 그는 그들의 손에 순교하였다.

전승에 의하면 사도 바울이 예루살렘을 빠져나와 로마로 가버리자 그를 죽이고자 혈안이 되어 있던 자들이[행23:12, 13] 분노를 대신하고자 야고보를 죽이자는 음모를 꾸몄다. 그들은 야고보에게 찾아와 이렇게 말하였다.

"당신께 부탁이 있습니다. 유대인들 모두는 당신의 말이라면 모두 믿고 받아들일 것입니다. 이제 그리스도 숭배를 그만두도록 해 주십시오. 그렇게만 해 주시면 계속해서 당신을 의인으로 인정할 것입니다." 다음날 그들은 군중들 앞에 야고보를 성전 지붕에 올라가게 하고는 이렇게 외쳤다. "오! 사람 가운데 최고의 의인이시여, 당신의 말씀에는 누구든지 따르지 않을 수 없습니다. 사람들은 십자가에 매달린 예수를 받들고 있습니다. 당신은 예수를 어떻게 생각하는지 우리에게 알려 주십시오." 그러자 야고보는 큰소리로 이렇게 대답하였다. "여러분, 예수님은 천국에서 하나님의 오른편에 앉아 계십니다. 거기서 산 자와 죽은 자를 심판하러 다시 오실 것입니다." 이 말을 들은 그리스도인들은 기뻐하며 주님께 찬양을 드렸다. 그러나 그때 한 무리가 지붕에 올라가 설교하던 야고보를 밑으로 떨어뜨렸고, 큰 나무 망치를 들고 와서 그의 머리를 힘껏 내리쳤다. 야고보가 이렇게 순교하여 주님 곁으로 간 것은 AD 62년 로마 황제 네로 치하 때의 일이었다.

야고보의 유해는 예루살렘 성전의 한쪽 구석에서 장사 지냈다가 나중에 이탈리아 중부 동쪽 해안 도시 안코나(Ancona)의 성 칠리아고 교회에 안치되었고, 6세기에 로마로 옮겨 왔다.

교회 제단에서 계단을 통해 지하로 내려가면 그곳에 빌립과 작은 야고보의 무덤이 있다. 무덤에 대해서는 단지 작은 푯말이 이를 말해 줄 뿐이다. 이곳은 항상 조용하다. 찾아오는 이도 많지 않고 결코 화려하지도 않다. 어쩌면 너무나 초라하기조차 하다. 그러나 무덤은 이렇게 말하는 듯하다. "우리에게는 베드로의 영광도 바울의 영광도 없습니다. 그러나 하늘나라에서의 영광은 똑같습니다." 현재 매년 5월 3일은 사도 빌립과 사도 야고보의 축일로 지켜지고 있다.

2. 바돌로매 무덤 - 성 바르톨로메오 교회Basilica di San Bartolomeo

로마 트라스테베레Trastevere 지역은 로마시대부터 유대인들의 주거지였고, 중세 이후 게토 지역이었으며, 오늘날도 유대인들의 거주지이다. 오늘날 이곳은 좁은 골목골목 사이로 작고 예쁜 레스토랑이 즐비하게 들어서 있어 로마의 먹자골목으로 자리매김하였다.

이곳 옆을 지나는 테베레 강 중앙에 돛단배 모양으로 떠 있는 티베리나Tiberina 섬은 독특한 역사를 갖고 있다. 이곳에는 의술의 신 아스클레피오스Aesculapius 사원이 있었는데 병의 치유를 위해 많은 순례자들이 방문하였고, 지금도 파떼베네프라텔리Fatebenefratelli 병원이 운영되고 있다. 이 섬은 두 개의 다리로 연결되어 있는데 현재 보행자 도로로 사용 중인 BC 62년에 세워진 파브리지오 다리Ponte Fabricio와 차량 통행도 가능한 BC 44년에 건설된 체스티오 다리Ponte Cestio이다.

바르톨로메오 교회

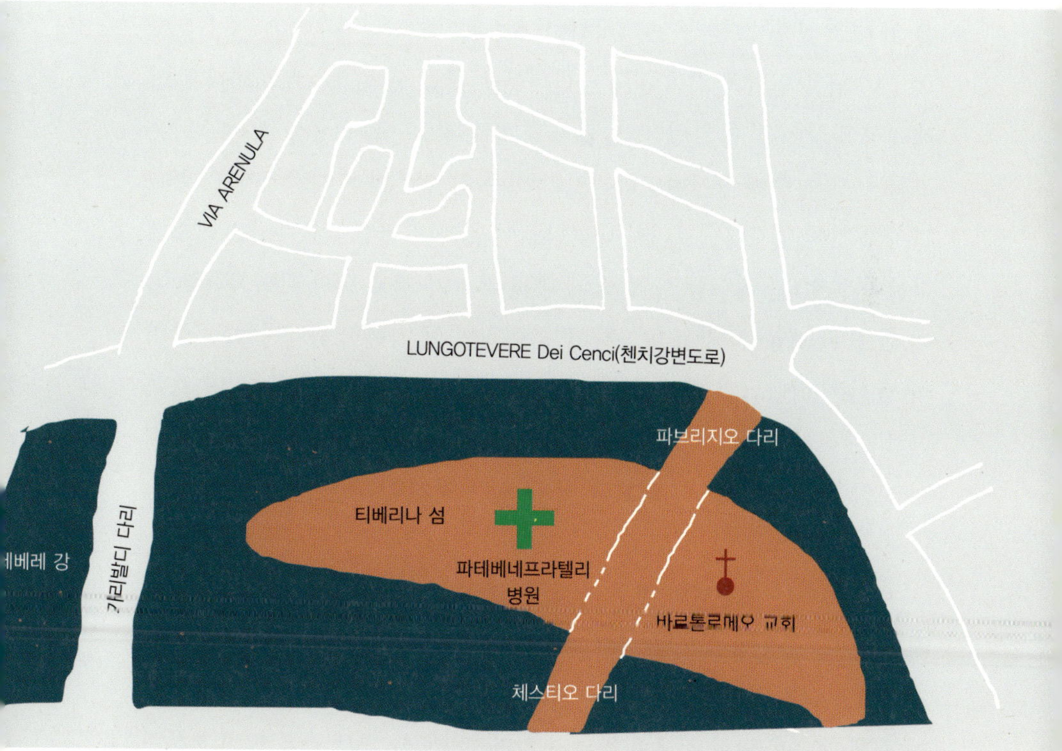

지도상의 표시:
- VIA ARENULA
- LUNGOTEVERE Dei Cenci(첸치강변도로)
- 테베레 강
- 가리발디 다리
- 티베리나 섬
- 파테베네프라텔리 병원
- 파브리지오 다리
- 체스티오 다리
- 바르톨로메오 교회

성 바르톨로메오 교회
교회 주소 : Piazza di San Bartolomeo all'Isola 22, Roma
개방 시간 : 오전 09:00-13:00, 오후 15:30-17:30,
　　　　　　일요일 09:00-13:00
지도 : 5구역

AD 998년 신성로마제국 황제 오토 3세는 997년에 순교한 그의 친구 프라하의 성 아달베르토 Sant' Adalberto di Praga 의 시신을 수용하기 위해 이 섬 위에 교회를 건설하였는데 2년 후 이곳으로 성 바돌로매 유골을 옮겨 오면서 교회 명칭을 바꾸었다. 성경에는 소경 바디매오가 나오는데 그의 아버지 이름은 디매오이다.막 10:46 이와 같이 바돌로매는 돌로매의 아들이란 뜻을 가지고 있다. 그의 본명은 나다나엘이다.

예수님을 만난 빌립이 친구 나다나엘을 찾았을 때 그는 무화과나무 아래에서 명상에 잠겨 있었다. 빌립의 소개로 예수님을 만났을 때 예수님은 그를 보고 이렇게 칭찬하였다. "보라 이는 참 이스라엘 사람이라 그 속에 간사한 것이 없도다!" 그러자 나다나엘이 놀라며 예수님께 자신을 어떻게 아는가 물었다. 예수님은 "빌립이 너를 부르기 전에 네가 무화과나무 아래 있을 때 보았다."라고 말씀하셨다. 이 말씀에 감탄한 나다나엘은 "랍비여 당신은 하나님의 아들이시요 이스라엘의 임금이로소이다."라며 고백한다. 그러자 예수님은 이렇게 말씀하셨다. "내가 너를 무화과나무 아래서 보았다하므로 믿느냐 이보다 더 큰 일을 보리라"요 1:45-50

바돌로매는 예수님의 열두 제자 중 하나가 되었지만 특별히 알려진 행적은 없다. 전승에 의하면 그는 예수님 부활 승천 후 소아시아와 인도 등지에서 선교하였는데 페르시아 아르메니아 지방의 아스티아제스라는 왕에 의해 참수를 당한 것으로 알려져 있다. 그는 산 채로 칼에 의해 전신의 살가죽이 벗겨짐을 당했는데 미켈란젤로가 "최후의 심판"에서 이 모습을 생생하게 그려 놓았다. 그의 석상이나 그림에서의 모습은 대부분은 자신의 벗겨진 살가죽과 그를 도려 낸 칼을 들고 있는 모습이다.

바돌로매의 유해는 6세기경 시칠리아 섬으로 이송되었고 839년 사라센의 침략을 피해 이탈리아 남부 베네벤토로 옮겨졌다가 983년 다시 로마로 옮겨졌으며, 1000년부터 오늘까지 로마 테베레 강 티베리나 섬 중앙에 있는 바르톨로메오 교회에 보관되어 왔다.

바돌로메오 교회 내부

바돌로매의 석관

제자들의 무덤

곁/길/ 성 안드레 교회

로마 나보나 광장 앞에 또 하나의 거대한 교회가 있다. 교회의 쿠폴라^{둥근 천장}는 성 베드로 대교회 다음으로 큰 규모를 자랑한다. 이 교회가 성 안드레 교회^{Basilica S. Andrea della Valle}이다. 교회 후진에는 X자 형에 달려 순교하는 안드레의 모습이 그려져 있으며, 중앙 천장화의 화려함이 푸치니^{이탈리아 오페라 작곡가}의 토스카의 무대로 선정될 정도이다. 전승에 의하면 안드레는 그리스의 파트라이에서 순교했다 한다. 1400년 그리스 신자들은 그의 유골을 형 베드로 곁에 묻히도록 로마로 보냈다. 그런데 1966년 바오로 6세 교황은 다시 안드레의 순교지인 그리스의 성 안드레 교회로 유골을 보냈다. 오늘날은 교회 제대 뒤로 거대한 안드레의 순교 장면이 무덤을 대신하고 있다.

안드레의 순교 장면

성 안드레교회 내부

또/다/른/곁/길/ 산타 크로체 교회

비어 있는 무덤이 보관된 또다른 곳이 있다. 바로 유명한 이탈리아의 시인 단테의 무덤이다.「신곡」을 쓴 단테는 피렌체 사람이지만 유배지 라벤나에서 죽어서 그곳에 묻혔다. 피렌체 사람들은 최근까지 단테의 유골을 보내 달라고 여러 차례 라벤나 시에 요구하였다. 그러나 라벤나 시는 단테의 무덤마저 없으면 관광객을 유치할 수 없다며, 유골 대신 동상을 하나 보냈는데 그것이 현재 피렌체 산타 크로체 교회 앞에 서 있다. 산타 크로체 교회 내부에는 르네상스의 거장 미켈란젤로, 지동설의 갈릴레오 갈릴레이, 군주론의 마키아벨리, 천국의 문을 조각한 로렌조 기베르티, 청동조각 천재 도나텔로, 음악가 롯시니, 그리고 근래 무선전신 발명으로 노벨상을 수상한 굴리엘모 마르코니까지 피렌체 지역 유명인사 276기의 무덤이 있는데 유독 단테의 무덤만 유골이 없는 텅빈 무덤이다. 레오나르도 다빈치 이름도 있지만 이것은 무덤이 아니라 기념판이다.

여기서 한 가지 흥미로운 사실은 미켈란젤로가 죽던 해[1475-1564] 갈릴레이 갈릴레오가 태어나고[1564-1642] 갈릴레이 갈릴레오가 죽던 해 뉴턴이 출생하였으니 [1642-1727] 세 명의 천재가 마치 계주 배턴 터치하듯 역사의 획을 그었다.

성 요한 대교회 정면

3. 열두 제자 석상들 - 성 요한 대교회 Basilica di San Giovanni in Laterano

"로마와 세계 모든 교회들의 어머니이자 머리"

이는 세례 요한과 사도 요한에게 바쳐진 성 요한 대교회 정면에 쓰인 문구이다. 교회와 같이 나란히 있는 건물은 가톨릭교회에서는 매우 중요한 라테란 궁이다. 새로 선출된 교황은 먼저 이곳을 방문하는 것이 전통으로 되어 있다. 1929년 교황청과 뭇솔리니 정부의 역사적인 라테란 협정이 이곳에서 체결되었다. 이로써 현재의 바티칸 시국이 탄생되었다. 본래 이곳 주변 땅은 로마제국의 귀족 라테라누스의 소유지였는데 콘스탄티누스 대제가 이 가문의 여자 파우스타를 아내로 맞이했고 그녀의 소유권인 라테란을 교회에 기부했다.

제자들의 무덤 145

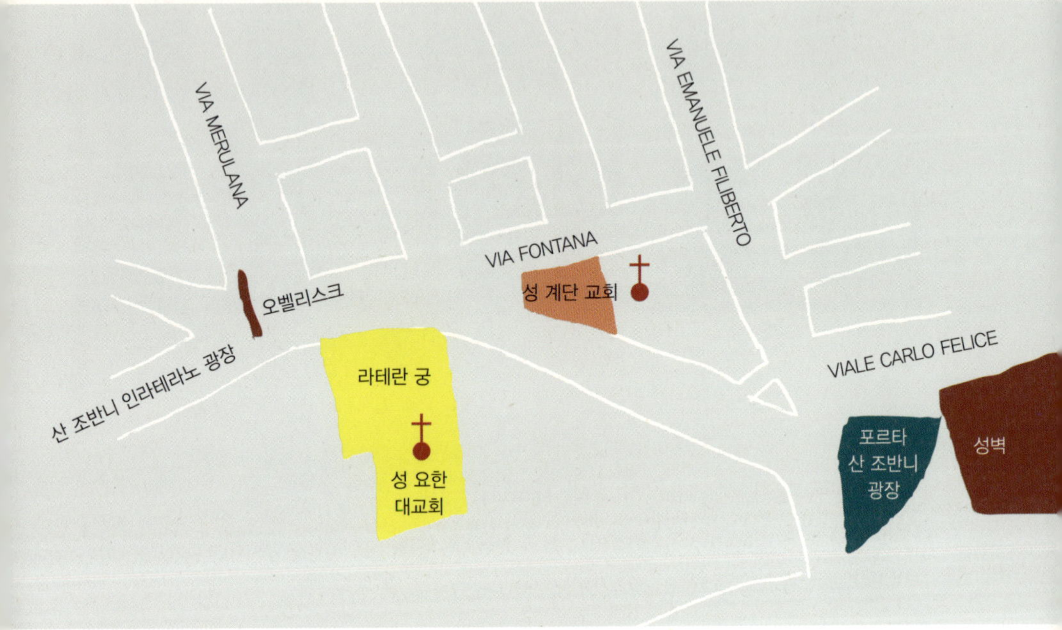

성 요한 대교회
교회 주소 : Piazza di San Giovanni in Laterano, Roma
개방 시간 : 07:00 - 18:30
지도 : 2구역

AD 325년 콘스탄티누스는 이 부근의 많은 땅도 교황 실베스터 1세에게 기증하였는데 이것이 처음으로 교황이 부동산을 소유한 사례가 되었다. 이로써 거의 천년 동안 교황들은 이곳 라테란 땅에 거주하게 되며 교황청으로의 역할을 감당해 왔다. 라테란 궁은 중세에 최고의 전성기를 누리다 1309년부터 1377년까지 프랑스 아비뇽으로 교황청이 옮겨지며, 중요성이 감소되었고, 아비뇽 유수시대가 끝난 후는 교황청이 바티칸으로 옮기며 더욱 그 의미를 상실하게 되었다.

성 요한 대교회는 896년에 지진 피해를 입었고, 1308년과 1361년 두 차례 화재를 겪었다. 1646년 인노센트 4세 교황이 교회를 확장하였는데 그 책임자는 건축가 프란체스코 보로미니 Francesco Borromini였다. 교회 정면은 알렉산드로의 작품이며 1735년, 그리스도를 중심으로 6m 높이의 4교부 등 15개 석상을 배치하였다. 교회 중앙 청동문은 AD 305년에 주조된 것으로

교회 양 옆으로 도열되어 있는 열두 사도 석상

로마 공회장의 원로원 입구로 사용했던 것을 1650년 성년$^{Anno\ Santo}$을 기념하여 이곳으로 옮겨 왔으며, 회랑 복도 끝에는 로마에서 보기 드문 콘스탄티누스 대리석상이 있다. 교회 뒤편 산 죠반니 인라테라노 광장 끝에 5세기 때 건설된 독특한 팔각형의 건축물인 세례당이 있는데 본래는 목욕장으로 사용되었으며, 콘스탄티누스 대제가 이곳에서 세례를 받았다고 한다. 이곳 광장에 서 있는 오벨리스크는 로마에 현존하는 오벨리스크 중에 가장 높고 오래된 것으로 길이 47m에 기원전 15세기 것으로 이집트 암몬 신전에 세워졌던 것을 4세기에 콘스탄티누스가 로마로 가져왔다.

성 요한 대교회를 '제자들의 무덤'에 포함한 것은 바로 교회 내부에 로렌조 베르니니와 그의 제자들의 작품인 12제자들의 대리석상이 있기 때문이다.

1) 베드로^{Pietro}

갈릴리 출생, 어부 요한의 아들로 본명은 시몬^{Simon}이다. 예수님으로부터 베드로^{반석}라는 이름을 얻었고 수제자로서 자리를 지켰다. 헤롯 아그립바 1세에게 잡혔으나 옥에서 천사의 도움으로 구출되었고$^{행\ 12장}$ 이후 소아시아 및 안디옥에서 선교했다.

전승에 의하면 로마에서 얼마 동안 목회활동을 하다가 AD 64년 혹은 67년경, 네로 박해 시 순교했다고 한다. 베드로의 상징은 열쇠와 거꾸로 된 십자가이다. 이는 예수님이 천국의 열쇠를 건네준 사건과 거꾸로 십자가에 매달려 순교한 것에 기인한다.

2) 안드레^{Andrea}

베드로의 형제로, 가버나움에 살며 어부생활을 했다. 처음에는 세례

베드로

대 야고보

안드레

요한의 제자였다가 나중에 예수의 제자가 되었다. 소아시아, 그리스, 흑해 주변에서 선교하다가 그리스 아카이아의 파트라이에서 X자 십자가 형으로 순교하였다. 그는 주로 X자 십자가에서 순교하는 모습으로 묘사된다.

3) 대 야고보^{Giacomo Maggiore}

세베대의 아들로, 요한의 형이다. 큰 야고보라 불린다. AD 44년경 헤롯 아그리파 1세의 박해 때에 사도들 가운데 처음으로 순교하였다.^{행 12:1-2} 전승에는 야고보가 스페인까지 가서 선교를 했다고도 하고, 예루살렘에 있던 그의 유해를 스페인으로 옮겼다고도 하는데 오늘날 이곳으로 향하는 '산티아고 순례길'이 유명하다. 그의 유해가 있는 산티아고로 향한 순례자들의 행렬은 900여 년 전부터 시작되었는데 오늘날 순례길은 프랑스

요한

빌립

바돌로매

국경 생쟁프드포르St. Jean Pied de Port로부터 시작하여 스페인 산티아고 데 콤포스텔라Santiago de Compostella에 이르는 850km에 달하는 도보길이다. 야고보는 금빛 조개로 상징되곤 하는데 이로 인하여 산티아고 순례길의 여정 표시가 조개모양을 하고 있다.

4) 요한Giovanni

형인 야고보와 함께 예수의 세 측근자 중의 한 사람으로 예수님께 사랑받던 제자였다. 예수님 사후에도 초대 그리스도교의 중요한 인물로 일했다. 전승에 의하면 유대에서 전도하다가 예루살렘이 AD 70년 로마군에게 멸망되자 에베소로 거처를 옮겼는데, 이때 예수님께서 십자가상에서 부탁하셨던 예수님의 모친 마리아도 함께 모시고 갔다고 한다. 오늘날 에베소에 가면 요한이 마련해 드렸다는 성모 마리아의 집을 찾을 수 있다. 요한은 AD 95년 로마 황제 도미티아누스의 박해 시 끓는 가마에 넣은바 되었으나 기적적으로 살아나왔고 다시 밧모 섬으로 귀양 보내졌는데 그곳 유배지에서 성경의 마지막 장인 요한계시록을 집필하였다. AD 96년 황제의 암살로 유배에서 풀려 에베소로 돌아와 여생을 보냈으며, 이때 요한복음과 요한1, 2, 3서를 썼다. AD 100년경 90살의 나이로 사도들 중 유일하게 순교당하지 않고 평안한 임종을 맞이했다. 요한복음 21장 후반에 보면 베드로가 자신의 십자가 죽음을 예언한 주님의 말씀을 듣고 옆에 있던 요한은 어떻게 될 것인가 여쭈었는데 주님은 "내가 올 때까지 그를 머물게 하고자 할지라도 네게 무슨 상관이냐 너는 나를 따르라"하셨다. 요한의 상징물은 독수리이다. 마태-사자, 마가-인자, 누가-소, 요한-독수리

5) 빌립 Filippo

갈릴리 벳새다 사람으로 역시 직업은 어부였다. 오병이어의 기적 시 예수님께 수학적 계산으로 답을 했다고 하여 빵으로 상징되며, 둥근 십자가는 빌립 십자가라고 불리는데 역시 빵이란 의미이다. 소아시아의 브루기아에 가서 전도하다가 히에라폴리스에서 기둥에 매달려 순교했다고 한다. "내가 너희에게 뱀과 전갈을 밟으며 원수의 모든 능력을 제어할 권능을 주었으니 너희를 해칠 자가 결코 없으리라" 눅 10:19

6) 바돌로매 Bartolomeo

나다나엘과 동일인물로 전승에 의하면 소아시아, 인도 등에서 전도했으며, 아르메니아에서 선교하다가 살아 있는 채 살가죽이 벗겨지고 참수로 순교하였다고 한다. 그리하여 그는 벗겨진 살가죽을 들고 있거나 칼

로 묘사된다.

7) 도마 Tommaso

디두모라는 또다른 이름으로도 불렸다. 부활하신 예수님의 손의 못 자국을 보고 자신의 손가락을 못 자국에 넣으며, 손을 옆구리에 넣어 보지 않고는요 20:25 믿지 않겠다고 고집을 부린 관계로 예수님의 옆구리 창 자국에 손을 넣어 확인하는 모습으로 묘사된다. 그는 인도에서 창에 맞거나 작살에 찔려 순교하였다고 전해진다.

8) 마태 Matteo

전승에 의하면 에티오피아에 가서 전도하다가 목 베임을 당했다고 하기도 하고, 창과 칼에 찔려 순교했다고 한다. 그는 전직이 세리였기 때문에 3개의 은색 돈 자루로 상징된다. 또한 마태복음의 저자로 책을 들고 있기도 한다. 조각상에도 책을 들고 돈 자루를 밟고 있는 모습으로 묘사되어 있다.

9) 소 야고보 Giacomo Minore

알패오의 아들이며, 다대오라 불리는 유다의 형이었다. 작은 야고보라고 불린다. 팔레스티나와 이집트 지역에서 선교하였으며 이집트 또는 시리아에서 순교하였다고 전해진다. 설교 중에 노한 군중이 그를 지붕에서 내던졌으며 그 후 곤봉과 몽둥이에 맞아 순교하였다고 한다. 이로 인하여 그는 방망이를 든 모습으로 그려진다.

10) 유다 Giuda

다대오 Taddeo 로도 불렸다. 돛단배를 타고 항구를 다니며 전도여행을 했기 때문에 돛단배로 상징된다. 소 야고보의 동생으로 페르시아 지방에 가서 전도하다가 활에 맞아 죽었다고 한다.

11) 시몬 Simone

가나나인 시몬이라 한다.^{막 3:18} 사도가 되기 전에는 바리새인으로 구성된 혁명당 일원으로 유다민족의 해방을 위해 싸웠다. 전승에 의하면 이집트에 가서 전도하고, 유대에 돌아와 전도하다가 십자가에 못 박혀 죽었다 한다. 그러나 톱으로 잘리는 형벌로 순교하였다고도 하여 그는 톱을 들고 있는 모습으로 묘사된다.

도마

마태

소 야고보

12) 바울 Paolo

사도 바울은 예수님의 12제자에는 포함되지 않는데, 항상 베드로 곁에는 바울이 있고 바울 곁에는 베드로가 있다. 베드로는 기독교의 수장으로, 바울은 복음의 전사로, 기독교 역사의 두 기둥으로 존재한다. 사도 바울 상에는 한손에 성경을 들고 한손에는 성령의 검을 들고 있다. 이는 복음 전도의 개척자의 모습을 상징한다.

다대오 유다

가나나인 시몬

바울

곁/길/ 유다나무

　유다나무는 전승에 유다가 목매어 죽은 나무라 하여 유다나무$^{Albero\ di\ Giuda}$라 이름이 붙여졌다. 우리나라에서는 박태기나무로 불리기도 하는데 이 나무는 잎을 내고 꽃을 내지 않고 먼저 꽃을 내고 잎을 낸다. 유다가 목매어 죽은 것에 부끄러움으로 먼저 붉은 꽃을 낸다고도 하는데 유달리 로마에는 도시의 가로수로 심겨져 있다.

6

여섯 번째 보화
순교자들의 피

순교자들의 순교터
대전차 경기장

순교자들의 안식처
갈리스도 기디콤

세바스티아노 카타콤

순교자들의 피
성 스테파노 로톤도 교회

순교자와 천사들의 성모 마리아 교회

순교자들의 무덤들

순교자들의 피

1. 순교자들의 순교터-대전차 경기장치르코 마씨모, Circo Massimo

"로마의 원형경기장에는 발 디딜 틈 없이 관중들이 운집해 있고 아레나^{arena} 가운데는 기독교 신자들이 겁에 질린 채 서 있다. 그 둘레에는 굶주린 사자무리가 날카로운 이빨을 드러낸 채 먹이를 향해 포효를 한다. 이때 콜로세움 중앙석에 앉아 있는 네로가 치켜든 엄지손가락을 거꾸로 하자 맹수들이 맹렬하게 신자들에게 달려들어 사정없이 그들을 찢는다."

이것이 보통 영화나 소설 속에 등장하는 기독교인들의 극적인 순교 장면이다. 그러나 이것은 실제와는 좀 다른 이야기이다. 먼저 콜로세움 경기장은 네로 시대에는 존재하지 않았다. 콜로세움은 네로 사후 AD 72년

콜로세움

에 베스파시아누스 황제에 의해 건축이 시작되어 AD 80년에 그의 아들 티투스 황제 때 완성을 보았다. 그럼에도 불구하고 네로와 콜로세움은 순교자들의 박해의 상징으로 쓰기엔 안성맞춤이었다. 그래서 오늘날 매년마다 사순절 고난 주간 마지막 날에는 교황이 직접 십자가를 시고 골고세움 중앙에 세워져 있는 십자가를 향해 오르는 행사가 있는데 이는 순교자들의 희생의 의미를 담고 있다.

그러나 콜로세움의 실제 용도는 단순한 검투사들의 경기장에 불과했다. 당시 콜로세움을 지은 것은 빵과 서커스 정책의 일환이었다. 정치가들은 늘 시민 폭동을 두려워하였는데 그들을 잠재울 수 있는 것은 먼저 배부르게 해 주는 것이었고 더 나아가 즐거움을 제공해 주는 것이었다. 콜로세움은 바로 시민들에게 즐거움을 제공하는 하나의 서커스 장이었다. 이곳에서는 동물과 검투사 간의 싸움과 검투사들끼리의 싸움이 벌어졌다.

순교자들의 피 159

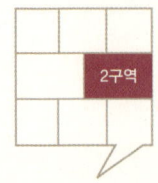

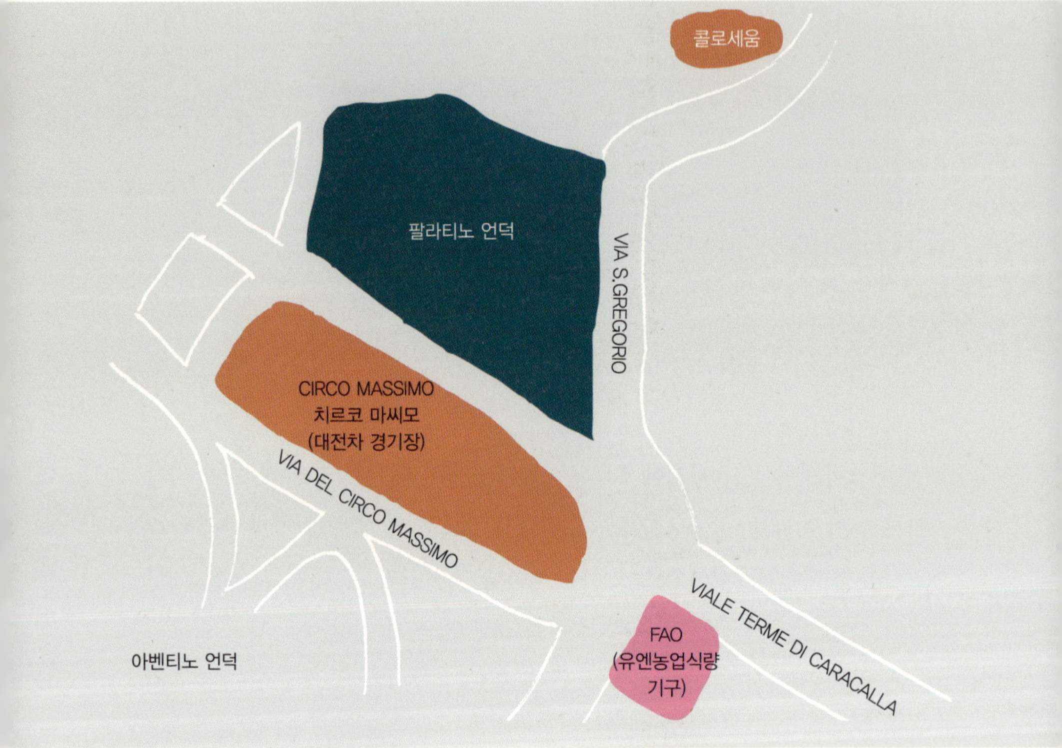

콜로세움

팔라티노 언덕

VIA S.GREGORIO

CIRCO MASSIMO
치르코 마씨모
(대전차 경기장)

VIA DEL CIRCO MASSIMO

VIALE TERME DI CARACALLA

FAO
(유엔농업식량
기구)

아벤티노 언덕

대전차 경기장
주소 : Via del Circo Massimo
지도 : 2구역

학자들뿐만 아니라 사제들도 콜로세움에서 신자들이 처형되었다는 것에 대해서는 부정적인 의견을 내놓고 있다. 네로 시대에 방화자들은 극형인 화형으로 처형되었는데 주로 치르코 마씨모$^{대전차\ 경기장}$ 경기장, 네로 경기장, 도미티아누스 경기장 등에서 행해졌기 때문이다.

콜로세움 뒤편 팔라티노 언덕을 넘으면 광대한 경기장이 나타나는데 〈벤허〉 영화에 등장하는 그런 마차 경기장이다. 오늘날 지명은 치르코 마씨모$^{Circo\ Massimo\ 대전차\ 경기장}$이다. 로마에서 가장 오래된 경기장인 이곳은 아벤티노 언덕과 팔라티노 언덕 사이의 개활지에 형성되었다. 이미 기원전 7세기에 건설된 경기장은 기원전 4세기 후반부터 제대로 시설을 갖추기 시작했다. 거대한 황실석은 팔라티노 언덕의 황궁과 연결되었고 일반 관중석은 3층 구조로 2개의 입구를 통해 입장할 수 있었다. 경기장은 길이 600m, 폭 200m로 최대 30만 명까지 수용 가능하였다.

그리스의 마차 경주는 참가자들을 중심으로 하였기 때문에 관중석은 없고 40대 이상 되는 마차들만이 참가하였지만 로마의 마차 경주는 이와는 달랐다. 우선 관중이 중심이었기 때문에 관중석이 중요시되었고 참가

오늘날의 대전차 경기장

순교자들의 피   161

마차도 최대 12대에 불과했다. 주로 청색, 백색, 홍색, 녹색의 4개 팀으로 나눠 경기를 치렀고, 사두마차나 쌍두마차가 주종을 이루었다. 마차 경주는 오늘날 자동차 경주와 같이 매우 위험한 경기였는데 관중들은 그 아슬아슬함 때문에 더욱 열광하였다. 당시 관중석은 목조로 되어 있어서 관중들의 열광을 견디지 못하고 종종 붕괴되는 사고가 일어나기도 하였는데, 디오클레티아누스 황제 때는 무려 1만 3,000명이 죽기도 하였다. 이러한 대전차 경기장은 최대의 관중들이 모일 수 있었고, 그렇기 때문에 집단으로 화형시키기에 가장 적합한 장소였다.

네로 시대, 기독교인들은 로마 방화범으로 몰려 억울한 희생양이 되었고, 당시 대전차 경기장에서 그들을 불태우던 불길은 팔라티노 황궁의 정원을 밝힐 정도였다고 한다. 오늘날은 휑하니 넓은 운동장의 모습만 남아 있어 잠시 사진만 찍고 지나가는 장소가 되었지만 약간의 시간 여유를 갖는다면 로마 당시 경기장에 모였던 군중들의 함성소리와 순교자들을 태우던 불길을 미세하나마 느낄 수 있을 것이다.

오늘날의 치르코 마씨모^{대전차 경기장}는 시민 공원 역할을 하며, 때로는 데모대들의 집합 장소나 축제 행사장으로 사용되고 있다.

기원전 1세기 모자이크. 마차 경주 기수들(마씨모 로마 국립 박물관 소장)

2. 순교자들의 안식처

칼리스토 카타콤 입구

1) 칼리스토 카타콤 Catacombe di San Callisto

로마 세바스티아노 성문 밖을 나서 고대 아피아 가도를 따라 내려가면 길 양쪽으로 로마 시대 유명 인사들의 무덤 터들이 나타난다.

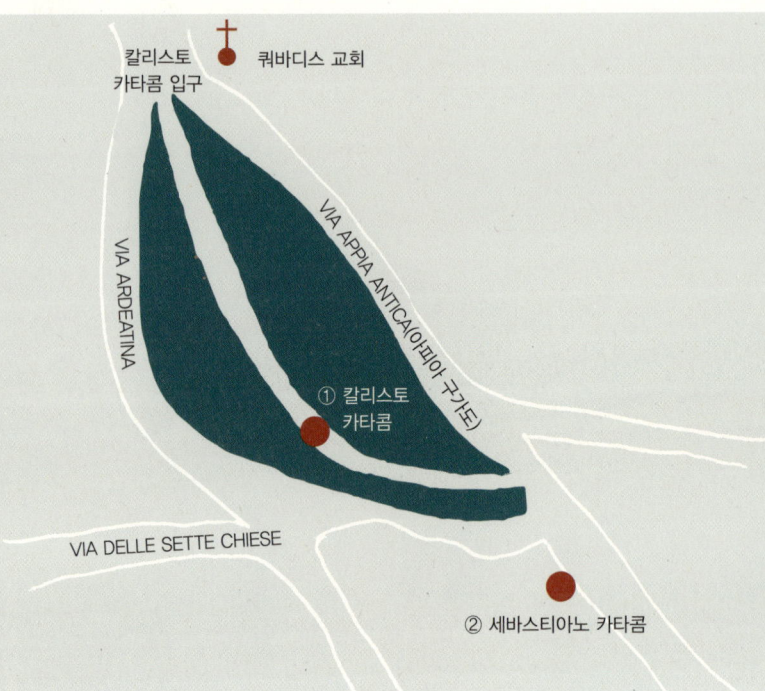

① 칼리스트 카타콤
교회 주소 : Via Appia Antica, 126, Roma
카타콤 개방 시간 : 매일 오전 09:00-12:00
　　　　　　　　　　오후 14:00-17:00 (수요일 휴일)
지도 : 7구역

② 세바스티아노 카타콤
카타콤 주소 : Via Appia Antica 136, Roma
카타콤 개방 시간 : 매일 오전 09:00-12:00 오후 14:00-17:00
　　　　　　　　　(매주 일요일, 성탄절, 1월 1일, 11월 15일-12월 15일까지 제외)
지도 : 7구역

당시 로마인들은 성 내에는 무덤을 쓸 수 없었던 관계로 성에서 가장 근접한 곳부터 무덤을 쓰기 시작하였다. 그러나 순례자들이 찾아가는 곳은 당대 유명 인사의 무덤이 아니라 이곳에서 좀 더 떨어진 지하 묘지 카타콤이다.

본래 카타콤은 기원전 1세기부터 형성된 로마 서민층들의 지하묘소였다. 당시 가난했던 그들은 땅 위에 무덤을 쓸 수 없었고, 방법을 고안한 것이 곳곳에 있는 자연 동굴을 이용하는 것이었다. 그러나 자연 동굴마저 무덤으로 차 버리자 더 넓은 공간을 마련하기 위해 지하를 파기 시작하였는데 이것이 카타콤을 형성하게 된 것이다. 현재 로마에 있는 카타콤의 총 길이는 약 1,000km가 넘는다. 카타콤이 중요한 성지 순례지가 된 이유는 박해 당시 이곳에 많은 기독교인들이 묻혔기 때문이다. 사실 카타콤이 기독교와 인연을 맺은 것은 기독교의 박해 때문이다.

가정에서 은밀히 모이던 그리스도인들에 대한 박해가 심해지면서 3세기는 가장 심한 박해를 가했던 발레리아누스, 디오클레티아누스 황제 시대로 순교자가 가장 많았던 시기였다. 그중 발레리아누스는 그리스도인의 지하 공동묘지를 색출하였고 출입금지령을 내리기도 하였다. 예전처럼 자유롭게 모임을 갖기가 힘들어졌다. 자연히 주변의 눈을 피할 수 있는 장소를 택하여만 했는데 그중 아피아 가도 주변에 많이 있던 지하 무덤 안이 가장 적합한 장소가 되었다.

본래 무덤은 신성한 곳으로 여기서 아무나 들어가지 못하는 금기지역이었고, 설령 들어간다 해도 미로로 형성된 굴 속에서 출구를 찾을 수 없었기 때문에 로마 군인조차도 들어가는 것을 꺼려했다. 이런 면에서 카타콤은 완전한 피난처가 될 수 있었다. 이로 인하여 그리스도인들은 카타콤에서 모임을 가졌을 뿐만 아니라 자신들의 무덤으로 쓰기도 하였는데, 순교자들이 증가하면서 나중에는 신자들의 무덤이 이곳의 많은 부분을 차지하게 되었다. 결국 카타콤은 그리스도인들의 피신처와 무덤 터가 되었고 후에 자연스럽게 성지가 되어 버린 것이다.

콘스탄티누스 황제의 밀라노 칙령이 AD 313년에 선포되면서, 당시 로마 전역에 산재해 있던 카타콤은 모두 교회의 공적인 재산으로 인정받게 되었다. 종교의 자유를 얻은 기독교인들은 자신들의 무덤을 땅 위에 자유롭게 쓸 수 있음에도 불구하고 이곳 지하에 묻혀 있던 순교자들 무덤 옆에 조금이라도 가까이 묻히기 위해 계속하여 무덤을 썼는데 이 일은 5세기까지 계속되었다. 또한 기독교 공인 이후 시작된 카타콤 성지 순례는 거의 400년 동안 계속되었으며, 당시 성지 순례자들이 벽 위에 새긴 기도문 등이 세바스티아노 카타콤에 지금도 남아 있다.

로마는 이민족들의 침입을 받으면서 410년부터 약탈을 당하였는데 카타콤도 예외가 아니었다. 이는 죽은 자가 지녔던 귀금속을 그대로 관 속에 넣어 주는 로마의 장례 풍습 때문이었다. 6세기 고트족의 약탈을 정점으로 카타콤을 보호할 기능을 상실하자 8세기부터는 성인들과 순교자들의 유골들을 로마의 성 안쪽 교회로 이전하기 시작했다. 그러나 이것은 순례자들의 발길을 카타콤에서 점점 멀어지게 하는 결과를 가져왔다. 결국 10~16세기는 카타콤이라는 말 자체도 사람들의 기억에서 사라진 시대였다.

17세기 초에 들어오면서 당시 고고학의 대가였던 안토니오 보시오 Antonio Bosio, 1575-1629의 연구에 의해 약 삼십여 곳의 카타콤이 발견되었고, 약 2백년이 지난 후 예수회 신부이자 고고학자였던 주세페 마르키가 카타콤 연구에 관심을 갖기 시작했다. 그를 따르던 그의 제자 조반니 바티스타 데 로시의 끈질긴 노력과 인내로 1854년 로마의 세바스티아노 성문 가까운 들판의 땅 밑에서 3세기 때의 교황 무덤과 체칠리아 성녀의 무덤을 발굴함으로써 오랫동안 역사에 묻혀 있던 카타콤의 존재를 세상에 드러냈다. 현재 로마 주변에는 약 60여 개의 카타콤이 발견되었는데 그중 보통 순례자들이 찾는 곳은 칼리스토 카타콤, 세바스티아노 카타콤, 도미틸라 카타콤 등인데 그중 규모가 가장 큰 곳이 칼리스토 카타콤이다.

그리스도인들에 대한 박해가 한창이었던 2세기 말에서 3세기 초, 당시 교황 제피리누스는 로마의 명문이었던 체칠리아 가문으로부터 이 지역의 땅을 희사 받았는데 교황은 자신의 부제였던 칼리스투스에게 이곳을 관리하도록 하였다. 칼리스투스는 뒤를 이어 교황이 되었으나 그 이후 순교하였는데 그의 이름을 따라 칼리스토 카타콤으로 불리게 되었다. 이곳은 특별히 음악가의 수호성인으로 잘 알려진 체칠리아 성녀가 묻혀 있었던 곳이다. 성녀의 무덤 왼쪽 벽 위에는 그리스도의 모습이 비잔틴 양식의 벽화로 그려져 있는데, 이는 8세기 말에서 9세기 초 사이에 그려진 것으로 전문가들에 의해 밝혀졌다.

칼리스토 카타콤 내 그리스도 벽화

17세기 안토니오 조르게티가 조각한 화살 맞은 세바스티아노

2) 세바스티아노 카타콤 Catacombe di San Sebastiano

세바스티아노는 기독교 박해를 가장 심하게 하였던 디오클레티아누스 황제 시대의 군대 장교였다. 박해가 금기시되던 장소인 지하 공동묘지를 수색할 정도로 극에 달했을 때, 세바스티아노는 황제의 명을 받고 카타콤으로 신자를 색출하러 들어갔다. 그런데 그가 그곳에서 설교를 듣고 회심하여 그리스도인이 되는 놀라운 일이 발생하였다. 황제의 궁으로 돌아온 그는 그리스도인의 신분을 숨기고 약 2년간 카타콤 신자들의 양식 조달을 도왔다. 당시 이 일은 목숨을 건 극히 위험한 행동이었다. 그러다가 결국 그는 동료에게 발각되었고 이 사실이 알려져 AD 304년 로마 황제들의 궁전이 있는 팔라티노 언덕에서 전신에 무수한 화살을 맞고 장렬

하게 순교하였다.

    후대에 이 모습은 많은 예술가들의 훌륭한 소재가 되어 그의 모습을 조각하거나 그렸는데 세바스티아노 교회 내부에 있는 그의 조각상은 17세기의 예술가 안토니오 조르겟띠$^{Antonio\ giorgetti}$의 작품이다.

    성 세바스티아노 카타콤은 팔라티노 궁전 터에서 찾아낸 세바스티아노 유해를 이곳에 보관함으로써 붙여진 이름이었지만, 이미 AD 258년에 바티칸 네크로폴리스와 오스티엔세에 묻혀 있던 베드로와 바울의 유해도 이곳에 옮겨져 있었다. 이것은 발레리우스 황제 박해 시 순교한 성인들의 무덤들이 다시 파헤쳐지면서 취해진 조치였다.

    카타콤의 초기 무덤 매장 방법은 단순하였다. 관을 쓰지 않고 세마포로 시신을 감싸고 묘혈에 시신을 넣은 후 대리석 판으로 덮거나 대부분 기왓장으로 막고 회반죽으로 틈을 메웠다. 석관이나 기와 위에는 이름을 새겼고 비기독교인의 무덤과 구별하기 위해 그리스도인의 상징 표시를 새겨 놓았다. 무덤은 벽을 따라 차례로 파 내려갔기 때문에 층층을 이루어 마치 침실을 연상케 한다 해서 체메테리움$^{coemeterium=침실,휴식공간}$이란 용어를 썼다. 그래시 오늘날도 공동묘지를 치미테로^{Cimitero}라 부르기도 한다.

카타콤 내부

카타콤은 석회 성분이 많은 응회암 토질^{Tufo} 지역에 형성되었는데 투포의 특징은 흙이 부드러워 파기 쉬웠고, 파낸 부분이 공기와 접촉하면 마치 바위처럼 굳어지는 성질 때문에 시멘트를 섞은 듯한 구조물의 형태가 자연적으로 이루어졌다. 콜로세움조차 일부 무너뜨린 로마의 많은 지진 속에서도 이곳 카타콤은 피해가 거의 나타나지 않았다. 이는 하나님께서 자신의 사랑하는 자녀들을 깨우지 않고 평안히 쉬도록 하신 배려였다고도 하지만 카타콤의 견고성을 잘 말해 주고 있다.

카타콤의 순교자 책을 보면 많은 그리스도인들이 이곳에서 출생해서 이곳에서 죽었다고 전하기도 하는데 사실 이는 거의 근거가 희박한 이야기이다. 먼저 이곳은 물과 음식이 없어 항상 밖에서 조달해야 했으며, 1년 내내 빛이 없기 때문에 매우 습하고 어두웠다. 보통 카타콤에 20분 이상 있으면 한 여름에도 한기를 느낄 정도이다. 카타콤에 어린아이들의 무덤이 많은 이유도 쉽게 병에 노출된 환경 조건 때문이었다. 그렇기에 카타콤은 주로 매장지로 쓰였고 극심한 박해 시 잠시 머무는 피난처가 될 뿐 생활공간은 되지 못하였다. 터키의 지하도시인 데린구유와는 성격이 다르다.

당시 그리스도인들은 자신의 신분을 밝힐 수 없었다. 그러나 그들이 자신의 신분이 탄로 났을 때 결코 그리스도인임을 부인하지 않았다. 부인하지 않음은 곧 순교를 뜻했다. 그래서 그리스도인이라는 것이 발각되면 이곳 카타콤으로 피신해 올 수밖에 없었다. 또한 이곳에 피신해 있어도 음식과 물을 조달해야 했기 때문에 제비를 뽑아 조달책을 정해야만 했으며, 주로 젊은 남자들이 맡았다. 많은 조달책들은 발각되는 경우가 허다했고, 발각되면 바로 순교를 당해야 했다.

카타콤에 들어가면 얼마 시간이 지나지 않아 나가고 싶은 마음이 들기 시작한다. 정말 이곳에서 살 수 있었을까 하는 의구심이 들 정도이다.

사람들은 습하고 어둡고 물도 음식도 없는 무덤 속 같은 지하공간이기에, 항상 죽음을 가까이하고 있으니 극심한 불안과 두려움과 슬픔이 가득한 비참한 곳이었으리라 생각한다. 그러나 실상은 그 반대였다. 당시 이곳은 매일 매순간 예배와 찬양이 드려지고 소망과 기쁨이 충만한 천국이었다. 말씀을 나누고 기도하며 찬양하고 음식을 떼면서 오직 유일한 천국을 소망하는 영혼의 빛이 찬란히 비춰던 곳이었다.

곁/길/ 카타콤의 상징물들

1. 닻

그리스도인들에게 죽음은 단지 영원한 빛의 세계로 들어가는 문에 불과했다. 당시 신자들은 하나님 나라로 가는 것을 일종의 먼 여행으로 생각했는데 그 시대의 여행수단은 배밖에 없었으므로 닻은 구원의 상징이자 영원한 항구에 접어든 영혼의 상징이기도 하였다.

2. 비둘기

비둘기가 입에 올리브 가지를 물고 있는 형상은 하나님의 안식에 든 영혼을 상징한다.

3. AΩ

알파와 오메가는 그리스어 알파벳의 첫 글자와 마지막 글자이다. 그리스도가 만유의 처음이요 나중임을 의미한다.

4. 선한목자 상

목자가 어깨에 양을 메고 있는 모습인데 구세주 그리스도와 그가 구원한 영혼을 상징한다.

5. 두 팔을 벌려 기도하는 사람

이 모습은 이미 하나님의 안식에 들어와 사는 영혼을 상징한다.

6. XP

이것은 그리스어 알파벳 X^키와 P^로라는 두 글자를 합성한 모노그램^{Monogramm}

이다. 그리스도^{Christus}를 발음하는 그리스어 단어 $XPI\Sigma TO\Sigma$의 처음 두 글자를 나타낸다.

7. 물고기

그리스어로는 물고기를 $IX\Theta Y\Sigma$ $^{ichtous-익투스}$라고 하는데 이 단어들은 첫머리 글자들과 맞아떨어진다.

$IH\Sigma OY\Sigma$ $^{Iesus:\ 예수-\ 이수스}$
$XPI\Sigma TO\Sigma$ $^{Christos:\ 그리스도-\ 크리스토스}$
ΘEOY $^{Theou:\ 하나님의-\ 테오}$
$YIO\Sigma$ $^{Uios:\ 아들-휘오스}$
$\Sigma\Omega THP$ $^{Soter:\ 구세주-쏘테르}$

당시 물고기의 형상은 그리스도를 가리키는 가장 널리 보급된 상징이었다.

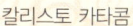

칼리스토 카타콤

3. 순교자들의 피

1) 성 스테파노 로톤도 교회 Chiesa di San Stefano Rotondo

성 스테파노 로톤도 교회 입구

로톤도 교회 내부

성 스테파노 로톤도 교회에 들어가면 일반 교회와는 달리 색다른 구조를 볼 수 있다. 이름 로톤도$^{Rotondo-원형}$에서 말해 주듯 직사각형의 바실리카가 아닌 둥근 모양의 매우 독특하면서도 보기 드문 교회 건축 양식을 지니고 있다.

이 교회는 AD 468년 최초의 순교자 성 스데반을 기념하여 세워졌으며, 이후 7세기에 교황 데오도로 1세가 로마에 흩어져 있던 순교자들의 유골들을 모아서 이곳에 묻었다. 1580년 교회 내부의 둥근 벽에 니콜라 Circignani^{Nicola}가 34점의 프레스코화를 그려 넣었다. 그림을 바라보면 당시에 박해 속에 온갖 잔악한 고문으로 죽어 가는 순교자들의 모습을 목도할 수 있다. 각각의 그림에는 제목과 순교 내용을 설명해 놓았고 성경 말씀과 박해 황제의 이름도 적어 놓았다. 순교자들의 고문 묘사는 너무나 생생하여 보기조차 끔찍하고 섬뜩할 정도여서 방금 전에 순교당한 듯한 느낌이 보는 이들로 하여금 숙연하게 한다.

뜨거운 열탕에서 기도하며 죽어 가는 순교자

뜨거운 유황으로 죽어 가는 순교자

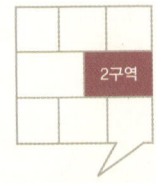

2구역

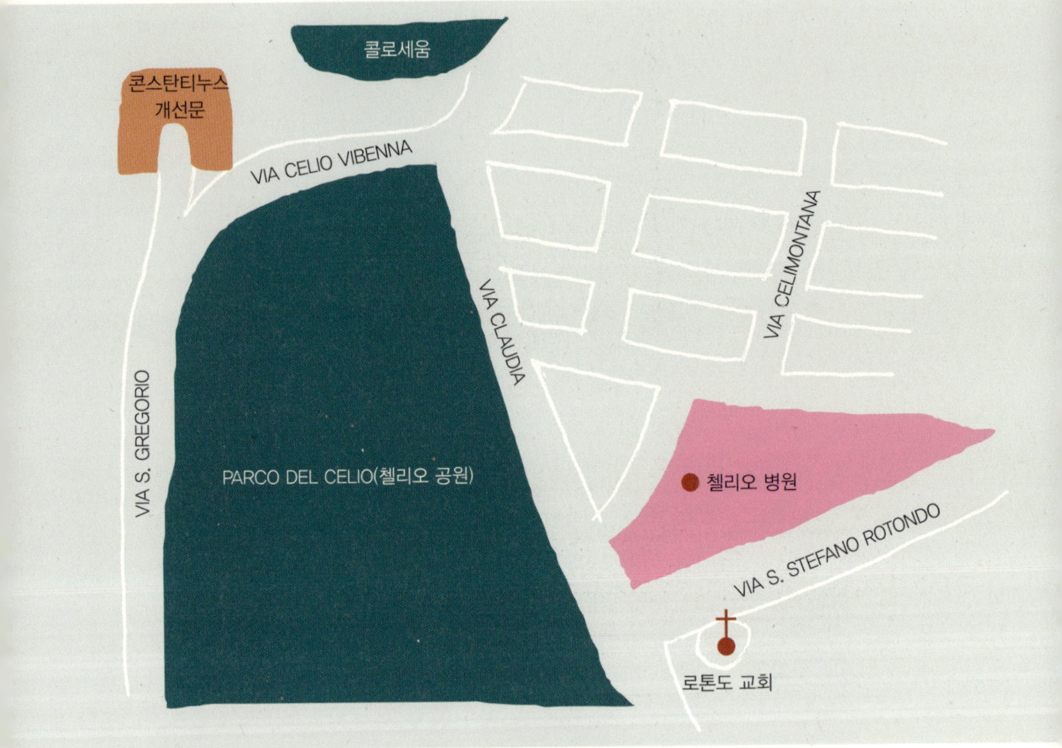

콜로세움

콘스탄티누스
개선문

VIA CELIO VIBENNA

VIA S. GREGORIO

VIA CLAUDIA

VIA CELIMONTANA

PARCO DEL CELIO(첼리오 공원)

● 첼리오 병원

VIA S. STEFANO ROTONDO

로톤도 교회

성 스테파노 로톤도 교회
교회 주소 : Via di Santo Stefano Rotondo 7, Roma
개방 시간 : 화 - 토 오전 09:30 - 12:30 오후 14:00 - 17:00
　　　　　　일요일 오전 09:30 - 12:30 월요일 휴일
지도 : 2구역

기도하는 손과 찬양하는 혀가 잘리는 순교자

2) 순교자들과 천사들의 성모 마리아 교회 Basilica di Santa Maria degli Angeli e dei Martiri

디오클레티아누스284-305의 박해 시기는 로마의 역사가들이 '피의 시대'라고 부를 정도로 많은 신자들이 순교를 당한 시기였다. 디오클레티아누스 목욕장은 당시 3,000명 이상 수용했던 로마 최대의 목욕장이었다. 이 욕장 건설에는 수많은 그리스도인들이 동원되었는데 많은 이들이 그곳에서 목숨을 잃었다. 1561년 교황 피우스 4세는 희생당한 그들을 기리기 위해 교회를 세울 것을 청하였다.

그리스도인들의 피로 세워진 디오클레티아누스 목욕장

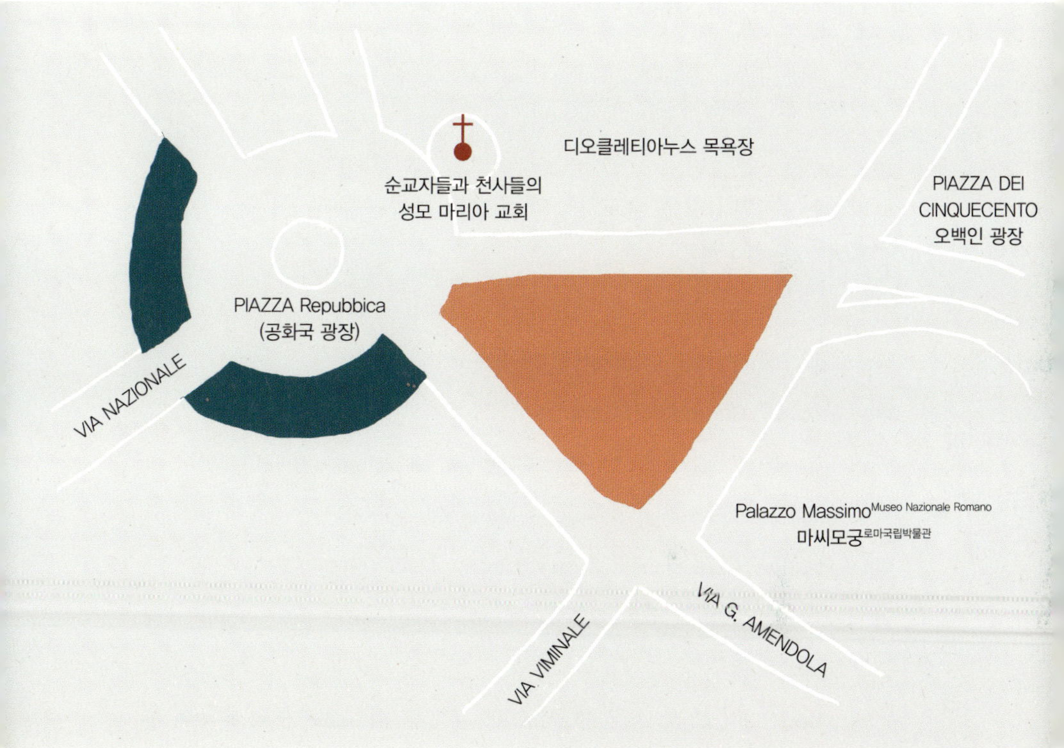

디오클레티아누스 목욕장

순교자들과 천사들의
성모 마리아 교회

PIAZZA DEI
CINQUECENTO
오백인 광장

PIAZZA Repubblica
(공화국 광장)

VIA NAZIONALE

Palazzo Massimo ᴹᵘˢᵉᵒ ᴺᵃᶻⁱᵒⁿᵃˡᵉ ᴿᵒᵐᵃⁿᵒ
마씨모궁 로마국립박물관

VIA VIMINALE

VIA G. AMENDOLA

순교자들과 천사들의 성모 마리아 교회
교회 주소 : Piazza della Repubblica, Roma
개방 시간 : 매일 07:00-18:00
　　　　　　일요일, 공휴일 07:00-19:30
지도 : 1구역

순교자들의 피 179

교회 건설은 미켈란젤로가 맡았는데 욕장을 파괴하지 않고 온탕을 정면으로, 그리고 냉탕과 미온탕을 교회 중앙으로 탈바꿈시켰다. 이 걸작에서 다시금 그의 천재성을 오늘날도 볼 수 있다. 미켈란젤로가 욕장 온탕의 둥근 벽을 교회의 정면으로 하였기 때문에 다른 교회와는 전혀 다른 모습을 하고 있다. 이 교회는 바티칸이 아닌 이탈리아 공화국이 소유한 대표적인 교회로 보통 국장과 같은 국가적인 행사는 이곳에서 치러진다.

3) 산재해 있는 순교자들의 무덤들

로마에는 수없이 많은 순교자들의 무덤과 카타콤들이 있는데 현재 약 60여 곳이 발굴되었다.

Via Appia Pignatelli 1. Cimitero di Pretestato

Via Latina 13. Cimitero di Aproniano

Via Latina 39. Catacombe dei santi Gordiano ed Epimaco 1955년 발굴

Via Ardeatina Catacombe di Marco e Marcelliano 1902년 발굴

Via Ardeatina Catacombe di Santa Balbina 순교자 바실레오

Via Grotta Perfetta. Cimitero dell'Annunziatella 3세기. 최후의 심판 프레스코화 소장

Via Ardeatina 42. Cimitero di Commodilla 4세기. 베드로에게 열쇠 수여 장면 소개

Via delle Sette Chiese 282. Cimitero di Flavia Domitilla 도미틸라 카타콤

Via Aurelia Antica Catacombe di Calepodio 232년에 순교자

Via Casilina Cimitero dei Santi Marcellino e Pietro

Via Ostiense Sepolcreto Ostiense 1-4세기. 바울의 무덤

Via Laurentina Cimitero di Santa Tecla 1세기. 바울의 여제자

온탕 내부를 그대로 사용한
순교자들과 천사들의 성모 마리아 교회 정면

Via Laurentina Cimitero di Generosa 1868년 발굴

Via Alessandro Poerio 57. Cimitero di Ponziano 교황 폰지아노[230-235]

Piazza Pancrazio Cimitero di San Pancrazio

Via Laterano 2. Ipogeo degli Aureli 3세기. 1919년 발굴

Via Paisiello 24B Cimitero di Panfilo 309년 순교자

Via Bertoloni 13. Cimitero di Bassilla o di Sant'Ermete

Viale Maresciallo Pilsudski 2. Catacombe di San Valentino 3세기 순교자

Viale Regina Elena 303. Catacombe di Novaziano 발레리우스 황제 치하 258년 순교자

Via dei Villini 32. Cimitero di San Nicomede 2세기 카타콤

Via Asmara 6. Cimitero Maggiore 3-4세기 카타콤

Via salaria 왼편 via Taro 위쪽 Villa Ada 아래 Catacomba dei Giordani 1740년 발굴. 순교자 마르지알레, 비탈레, 알렉산드로, 펠리치타의 일곱자녀들

Villa Savoia Cimitero di Trasone 18세기 발굴

Via Salaria 430 Catacome di Priscilla 1세기. 프리실라 카타콤

Via Anapo 4 Catacome dei Giordani 1720년 발굴

Via Nomentana 349 Cimitero di Sant'Agnese 산타 아네제 카타콤

Via Nomentana 1291 Catacome di Sant'Alessandro 4세기. 순교자 알렉산드로, 에벤지오, 테오둘로. 1854년 발굴

Piazzale di San Lorenzo Catacombe di Santa Ciriaca 4세기. 카타콤

Via Tiburtina Cimitero di Sant'Ippolito 1551년 발굴

이 카타콤들은 1551년부터 최근 1955년까지 로마 시내 도처에서 발굴된 것들이다. 아직도 발굴되지 않은 채 묻혀 있는 무덤이 얼마나 될지는 아무도 알 수 없다. 어떻게 보면 로마는 하나의 거대한 순교지이다. 로마

의 지상에는 위대한 로마제국의 유물들이 서 있지만 로마의 지하에는 숭고한 순교자들의 피가 서려 있다.

　알아주는 이도 없고, 찾는 이도 없지만 당시 주저함 없이 순교의 길을 달려간 카타콤에 묻힌 많은 순교자들의 무덤들을 보며 입으로는 산제사로 드려지길 기도하면서 마음은 언제나 영광의 자리를 원하고, 달려갈 길을 마칠 수 있게 간구하면서도 명예와 성공에 이르는 길만을 원하는 오늘날 그리스도인들에게 숙연함과 신앙의 목표와 동기를 새롭게 해 주고 있다.

7
일곱 번째 보화
예수님의 흔적

십자가, 못, 죄패, 가시조각들
예루살렘의 성 십자가 교회

구유
내 싱모 마리아 교회

빌라도 법정 계단
성 계단 교회

예수님의 흔적

1. **십자가, 못, 죄패, 가시조각들－예루살렘의 성 십자가 교회**Basilica di Santa Croce in Gerusalemme

　둥지를 떠나는 순간부터 가시나무를 향해 날아간다는 전설 속의 가시나무새, 끝내는 가시 무성한 나무에 온몸이 찔려 죽어 가면서 일생에 단 한 번, 이 세상의 어떤 소리도 비할 수 없는 아름다운 노래를 부른다. 온 세상은 조용히 그의 노래 소리에 귀 기울이고 신께서 천상에서 미소 지으신다.

　가시나무새처럼 태어나서 일생 십자가를 향해 나가셨던 하나님의 아들 예수, 머리에는 가시면류관, 그 사이로 흐르는 선혈, 채찍질에 갈기갈기 찢기신 몸, 양손과 양발에 박힌 못, 끝내 그는 십자가에서 처절하게

예루살렘의 성 십자가 교회

죽어 가면서 이 세상에서는 누구도 부를 수 없는 천상의 노래를 부른다.
"아버지여 저들의 죄를 용서하여 주옵소서!"

가장 많은 인류의 가슴을 울렸던 유대 청년의 슬픈 이야기, 십자가. 하나님의 아들이었음에도 불구하고 무시무시한 고통 속에 죽어야만 했던 경

예수님의 흔적

① 예루살렘의 성 십자가 교회
교회 주소 : Piazza di Santa Croce in Gerusalemme 12, Roma
개방 시간 : 오전 07:00-12:45 오후 15:30-19:30
지도 : 2구역

② 성 계단 교회
교회 주소 : Piazza di San Giovanni in Laterano 14, Roma
개방 시간 : 매일 오전 06:15-12:00 오후 15:00-18:00
　　　　　　(4월-9월까지는 18:30)
지도 : 2구역

악스런 십자가. 그가 달리셨던 십자가와 죄패 조각, 그를 박았던 못 조각, 그를 찔렀던 가시조각들……. 로마에 있는 예루살렘의 성 십자가 교회는 이 유물들을 고스란히 간직하고 있다.

그가 죽는 순간부터 2000년이 흐른 지금까지 그를 사랑하고 사모했던 수많은 사람들. 그렇지만 그들은 예수님의 분신과 같은 것들이 보관돼 있는 이곳으로 단숨에 달려가지 않는다. 그들은 이곳과 반대 방향에 있는 콜로세움이나 성 베드로 대교회로 달려간다. 그러기에 이곳은 예나 지금이나 쓸쓸한 슬픔의 여운이 맴돈다.

"이거 진짜 맞아?"라는 의문과 "세상에 있는 예수의 십자가와 가시 조각, 못 조각을 모아 놓으면 한 창고 가득할 것이다."라는 조소가 진위 여부를 놓고 논란을 삼고 결국에는 거짓이란 인상을 심어 주어 애써 찾은 사람들의 가슴에도 그리 큰 감동을 주지 못하고 있는 것이다. 예수님의 오른편 십자가에 매달렸던 강도의 것으로 알려진 우도 십자가는 마치 공사장에서 주어온 나무토막 같고, 더욱이 금속함에 보관되어 있는 예수님의 부활을 의심하여 창자국 난 옆구리에 넣었던 도마의 손가락은 정말 사실로 믿기에는 더 큰 믿음이 필요할 정도이다.

그러나 세상에는 진짜 같은 가짜가 있고 가짜 같은 진짜가 있다. 우리는 보는 눈에 의지해 그럴 듯한 것은 진품으로, 좀 아니다 싶은 것은 모조품으로 인식하는 누를 범한다. 정작 박물관에 가서는 진짜인지 가짜인지 따지지 않고 보면서, 이곳에서는 의문을 품어 사실보다 중요한 십자가의 의미를 느끼지 못하고 가는 것이 안타까울 뿐이다. 이를 반증하듯 이곳 유물 발굴에 관한 역사적 배경을 보면 우리의 인식을 반전시켜 주기에 충분하다.

AD 313년 로마 황제 콘스탄티누스는 기독교를 공인하였고 신앙심이

깊었던 그의 모친 헬레나는 예수님의 자취를 찾아 예루살렘으로 떠났다. 그녀는 그곳에서 예수님의 유물들을 발굴하기 시작한다. 예수님 사후 300여 년이 지난 일인데 어떻게 이 일이 가능했을까?

요세푸스 플라비우스$^{AD\ 37-100}$는 "유대전쟁사"를 쓴 당대 유명한 역사가임에도 불구하고 예수의 이름을 언급하지 않았다. 예수님은 당시 세상에서는 지위 높은 유명 인사가 아니었다. 역사는 유명했던 이들을 기억하고 그들의 유물을 보존하려 애쓴다. 당시 한 사형수에 불과했던 예수님의 유물들은 제대로 보존될리 없었다. 그런데 하나님의 역사는 놀라운 것이어서 이런 무명 인사의 무덤을 오히려 세상의 권력을 사용하여 보전해 놓으셨다.

당시 예수님이 십자가에 못 박힌 장소와 무덤은 예루살렘 성밖 골고다 언덕에 위치한다. 그러나 이곳은 AD 44년 헤롯 아그립바에 의해 새로 증축된 성벽으로 인해 성안에 위치하게 되었다. 이 장소는 1세기에 그리스도인들에 의해 경건히 보존되었다. 그런데 AD 135년 로마 하드리아누스 황제는 유대교와 기독교의 흔적을 말살시키기 위해 골고다 언덕과 예수

우편 강도 십자가
가시조각
십자가 조각
못조각
죄 패 조각
예수님의 유물들

님 무덤 위에 주피터 신전을 세웠다. 그는 또한 베들레헴의 예수 탄생 장소에도 이와 똑같이 하였다. 그런데 이것은 오히려 좋은 보존 효과를 낳았다. AD 326년 헬레나가 하드리아누스 신전을 파괴하였을 때 신전 아래 잘 보존된 골고다 언덕과 예수님의 무덤을 발견할 수 있었다. 예루살렘의 성 십자가 교회에 보관되어 있는 예수님의 유물들은 당시 헬레나가 그곳으로부터 고스란히 발굴해 옮겨 온 것들이다. 그런데 예수님의 십자가와 우편 강도의 십자가를 어떻게 구별해 냈을까? 누군가가 표시를 해 놓았던 것일까? 물론 그런 일은 있을 수 없다.

　이에 관하여 또 다른 전승 이야기가 전해진다. 헬레나가 골고다 언덕에서 찾아낸 십자가는 3개였다. 그중 어느 것이 예수님이 못 박혀 돌아가신 십자가였는지 알 수가 없었다. 헬레나가 3개의 십자가를 놓고 고심하며 하나님 앞에 기도하고 있는데 때마침 장례 행렬이 그곳을 지나갔다. 그런데 한 십자가에 시신이 닿자 죽은 자가 살아났다. 그래서 예수님의 진짜 십자가를 찾아낸 것이다. 또한 십자가에 닿은 자들에게 병 치유의 기적이 일어났는데 한 십자가만 반응이 없었다. 이로 인해 회개한 우편 강도의 십자가도 구별해 낼 수 있었다.

　예루살렘의 성 십자가 교회 사리는 본래 3세기 세베루스 황제가 건축한 황실 별장이었다. 그런데 콘스탄티누스 대제 당시 그의 모친 헬레나가 이곳에 기거하였고, 그녀가 예루살렘으로부터 가져온 많은 그리스도의 유물들을 이곳에 보관하였는데 AD 320년 황제의 명으로 이곳에 교회가 세워졌다.

　교회 후진 제대 위에는 예수님의 십자가 발견에 대한 에피소드가 그려져 있다. 그곳에서 왼쪽에 나있는 문으로 들어가면 계단을 오르게 되는데 양 옆으로 예수님께서 골고다에 오르시던 과정의 14처소가 부조로 묘사되어 있다. 이곳을 지나면 작은 경당이 나타나는데 이곳이 성 헬레나 예배당이다. 십자가 유물들은 이곳 예배당 정면 벽에 보관되어 있다. 왼편에 우도의 십자가, 중앙 십자가에 예수님의 십자가 조각, 아래에 못 조각, 옆으로 죄패 조각, 상단에 가시 조각과 도마의 손가락이 보관되어 있다.

이곳에서 지나쳐 나오지 말고 꼭 들러야 할 곳이 있다. 오른쪽에 열려 있는 작은 문으로 들어가면 그곳에서 유명한 예수님의 성의를 볼 수 있다. 일명 '토리노 성의'라 불리는 이것은 최근까지 진위 여부에 대한 논의가 계속되고 있는데 물론 여기에 있는 것은 복제품이다.

요한복음 19장에 보면 아리마대 사람 요셉이 빌라도에게 구하여 예수님의 시신을 가져다가 유대인의 법대로 향품과 함께 세마포로 쌌다. 예수님이 십자가에 죽으신 곳에 동산이 있고 동산 안에 장사한 일이 없는 새 무덤이 있는지라 그곳에 예수님의 시신을 두었다. 안식 후 첫날 일찍이 어두울 때 막달라 마리아가 무덤에 왔을 때 돌이 무덤에서 옮겨진 것을 보았고 이 소식을 들은 요한과 베드로가 그곳으로 달음질하여 갔을 때 무덤에 먼저 들어간 베드로가 본 것은 빈 무덤과 그곳에 놓여 있는 세마포였다.
예수님의 시신을 감쌌던 세마포, 그 성의가 현재 이탈리아 북부 토리노의 토리노 대교회에 보관되어 있다. 길이 436cm, 폭 109cm 크기의 아마포 천, 기독교 역사상 이것만큼 진위여부를 놓고 뜨겁게 논란되어 온 것이 없었다.

1988년, 이 뜨거운 논란을 종식시키고자 교황청은 아마포 천에 대한 과학적 조사를 허락하였다. 이에 방사성동위원소에 의한 연대 측정을 하였는데 결과는 1260~1390년대 것으로 밝혀졌다. 그러자 성의가 진품이라고 주장하는 사람들은 성의가 1532년에 화재로 인해 탄소동위원소가 정상적인 것에 비해 많아졌다며 반박했다.

실제로 이 수의는 예루살렘에서 콘스탄티노플로, 13세기 경 다시 프랑스로 옮겨졌다가 1532년에 화재를 당했다. 그러나 다행스럽게 가장자리만 불탄 채 그대로 보존될 수가 있었다. 이후 수의는 1572년 이탈리아의 토리노 대성당으로 옮겨졌는데 1997년 또다시 원인 모를 불이 일어나 다시금 소실의 위기를 맞기도 하였다. 이 성의가 세상에 주목을 끌게 된 것은 1898년 이탈리아 변호사이며 아마추어 사진작가인 세콘도 피아^{Secondo Pia}가 성의를 촬영한 필름이 공개되면서부터였다. 필름에는 한 남자의 윤곽이 뚜렷하게 나타났다. 그리고 채찍 맞은 자국과 십자가에 못 박힌 자국이 뚜렷한데 손바닥이 아닌 손목에 박힌 것으로 나타났다. 뿐만 아니라, 양쪽 발과 옆구리에는 고인 혈흔이, 팔과 등과 다리에 채찍 자국이 남아 있는데 이는 당시 로마 병사들이 사용한 납구슬 달린 채찍과 모양이 일치했다. 얼

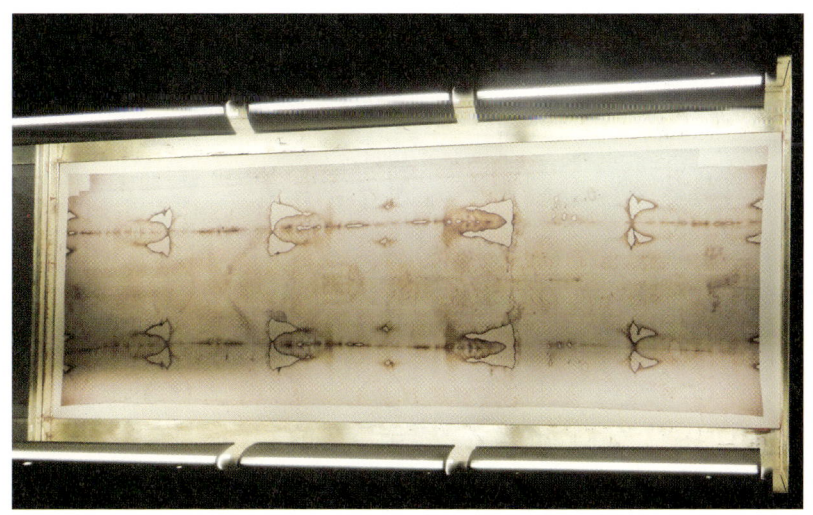

머리의 혈흔 자국과 등에 나타난 채찍 자국

굴도 심하게 구타를 당해 양쪽 볼과 오른쪽 눈꺼풀은 부어 있었는데 더욱 놀라운 것은 오른쪽 갈비뼈 부근에 큰 상처자국이 있고 뒷머리 아래에 흘러내린 피가 엉긴 듯한 자국이 남아 있었다는 것이다.

그동안 이 수의는 중세 때 그려진 조작된 것이라는 주장이 지배적이었다. 그런데 최근 이탈리아 과학자들은 성의에 새겨진 흔적이 중세시대의 기술로 조작할 수 없다고 발표하였다. 수의의 형상은 사진기 원리처럼 천에 투영돼 있는데 이탈리아 뉴 에너지 연구원들의 주장에 따르면 이는 짧고 강렬한 자외선 방사로만 가능하다고 한다. 이런 주장은 예수님께서 부활하시는 순간에 발생한 강렬한 에너지가 성의에 형상을 만들어 냈다는 가설을 뒷받침해 주고 있다.

어떻든 토리노 성의는 현대과학 기술로는 비밀을 찾아내는 데 한계가 있고 진위 논란을 종식시킬 결정적 증거를 내놓지 못하고 있다. 그러나 진위 여부를 떠나 성의는 보는 이로 하여금 전기에 감전된 듯한 전율을 주고 있다.

성의에 구멍 난 자국들은 보기에 혼란을 일으키는데 이는 화재 시 불탄 자국 때문이다. 본래 성의는 개켜져 보관되어 있다가 화재 시 모서리가 불에 타서 펼쳐 놓으니 이와 같이 여러 곳에 구멍이 생겨나게 된 것이다.

교회를 떠나기 전 다시 가 볼 곳은 교회 후진 뒤쪽에 있는 지하 예배당이다. 오른쪽 안으로 들어가면 헬레나 석상이 있고 아래는 당시 골고다 언덕에서 가져왔다는 흙, 거룩한 땅 Santa Terra이 보관되어 있다. 예루살렘의 성십자가 교회의 현재 모습은 18세기에 개축된 것이지만 4세기 중반의 벽돌 벽과 아치형 창문 등 고대 건축이 비교적 잘 보존되어 있다.

2. 구유 – 대 성모 마리아 교회 Basilica Santa Maria maggiore

로마에는 예수님과 관련된 여러 유물들을 보관하고 있는 교회가 많은데 예수님 탄생 당시의 구유를 보관하고 있는 교회가 바로 대 성모 마리아 교회이다.

대 성모 마리아 교회 정면

1구역

대 성모 마리아 교회
교회 주소 : Piazza di Santa Maria Maggiore
개방 시간 : 매일 07 : 00 - 18 : 45
지도 : 1구역

AD 431년, 에베소 공의회에서 마리아를 성모로 인정하고 이를 부인하는 자를 이단으로 규정하는 합의를 한 기념으로 로마 에스퀼리노 언덕 위에 새워져 있던 리베리아나 교회를 개조하여 성모 마리아에게 봉헌했다. 이 교회는 성모 마리아에게 바쳐진 교회 중 가장 큰 교회로 로마 4대 교회^{성 베드로 대교회, 요한 대교회, 바울 대교회, 마리아 대교회} 중 하나인데 기독교 초기부터 근대까지 15세기에 걸쳐 만들어진 건축과 미술 양식을 한눈에 볼 수 있는 곳이기도 하다.

전승에 의하면 AD 352년 8월 성모 마리아가 자식 없는 귀족 요한 부부에게 꿈에 발현하여 다음날 눈이 내리는 곳에 교회를 세우면 소원을 이뤄 주겠다고 했고 이를 자문하러 찾아간 교황 리베리우스도 같은 꿈을 꾸었다고 하는데, 정말로 8월 한 여름에 로마 에스퀼리노 언덕에 눈이 내려 있었다. 그래서 이곳에 지어진 교회가 리베리아나 교회인데 이로 인해 "눈의 성모 마리아 교회"로 불리기도 하였다. 물론 그후 귀족 부부는 자녀를 낳았다.

내부 구조는 5세기에 지어진 건축물 그대로이며 중앙 천장은 15세기 말에 장식되었는데 사용된 금은 스페인 여왕 이사벨라가 교황 알렉산더 6세에게 기증한 것으로 콜럼버스가 신대륙에서 처음으로 실어온 금이었다. 길이 86m의 교회 내부에 서 있는 36개의 이오니아식 기둥은 아벤티노 언덕의 유노 신전에서 옮겨 온 것이다. 기둥 위는 5세기 때 만들어진 구약성경 내용의 36개 모자이크로 장식되어 있다. 이 교회에서 가장 화려한 바로코 양식의 파올리나 예배당은 실제 나폴레옹의 누이로 보르게제 가문에 시집왔던 파올리나 보나파르트를 위한 것으로 예배당 지하에 그녀의 무덤이 있다.

당시 교회에 묻히는 것은 최고의 영광이었다. 교회 건축에 지대한 공

성모 마리아 교회 내부

헌을 한 르네상스의 거장들이 로마의 교회들 가운데 묻히곤 하였는데 로마 건축사에 위대한 족적을 남겼고 조각의 귀재란 명성을 남긴 로렌조 베르니니 부자의 무덤이 중앙 제대 오른쪽 구석에 아무 장식 없이 이름만 새겨진 대리석 아래에 있다.

천개 아래 계단으로 내려가면 살아 있는 듯한 거대한 석상을 만나는데 1854년 '성모 마리아 무원죄 수태 교의'를 선포한 교황 비오 9세로 구유 황금상자 쪽을 바라보고 있다. 바로 이 황금상자 속에 예수님 탄생 시 뉘였던 구유^{눅 2:7} 조각이 보관되어 있다.

구유 조각을 보관하고 있는 황금 상자

　로마 초대 황제 아우구스투스의 호적 명령으로 요셉이 자신의 고향인 베들레헴에 갔을 때 약혼자 마리아는 이미 성령으로 잉태하여 해산날이 가까운 때였다. 다소 늦게 도착하였는지 이미 온 사람들로 인하여 여관이 모두 만원 상태였다. 요셉과 마리아는 겨우 말과 소와 양들이 거하는 마구간에 머물게 되었고 그곳에서 해산한 마리아는 태어난 아이를 누일 곳이 없어 강보로 싸서 구유에 누였다.^{눅 2:1-7} 가장 높으신 하나님의 아들, 만왕의 왕 예수님은 빨간 어린아이의 모습으로 오셨고 이 땅에 가장 낮고 천한 곳에 누이셨다. 그가 누이셨던 구유의 조각이 바로 이곳에 보관되어 있는 것이다.

대 성모 마리아 교회 정면 파사드는 18세기 개축 당시 페르디난도에 의해 만들어졌으며, 75m의 종탑은 로마에서 가장 높은 곳에 위치하며 1377년에 세워진 로마네스크 양식이다. 교회 정면 앞에 우뚝 솟아 있는 대리석 기둥은 막센티우스 바실리카에서 유일하게 남은 기둥을 1614년에 옮겨와 세운 것인데 위에 성모 마리아의 청동상이 있다.

대 성모 마리아 교회 정면 종탑

3. 빌라도 법정 계단-성 계단 교회 Chiesa di Santa Scala

밤새 대제사장들과 서기관들에게 불법 심문을 받으시고 지친 몸으로 오르시던 계단, 온갖 희롱과 침 뱉음과 주먹과 갈대로 맞으시며 오르시던 계단, 성난 무리의 고발과 십자가에 못 박으라는 외침 속에 오르시던 계단, 로마 총독 관저에 있는 빌라도 법정의 계단을 예수님은 그렇게 오르셨다. 예수님이 오르셨던 28개의 대리석 계단을 성 헬레나가 4세기에 로마로 가져왔는데 이를 기념하여 세운 교회가 성 계단 교회이다. 교회에 들어가면 4개의 석상 '잡히신 예수님', '가롯 유다의 입맞춤', '빌라도의 질문', '겟세마네기도'를 볼 수 있는데 먼저 눈에 띄는 것은 중앙의 계단을 무릎으로 오르는 행렬이다. 순례자들이 심문 받기 위해 오르셨던 그리스도의 고난을 묵상하며 오르고 있는 것이다.

겟세마네기도

가롯 유다의 입맞춤

빌라도의 질문

대리석 계단은 보호를 목적으로 나무로 씌워 놓았기 때문에 나무 계단을 오르게 되는데 무릎으로 계단을 계속해서 오르는 것이 아니라 한 계단씩 기도하며 오르게 된다. 이 행렬을 따라 전체 계단을 오르려면 생각보다 많은 시간이 소요된다[20-30분]. 그런데 가끔 기도가 아닌 주파를 목적으로 도전하는 사람들이 있는데 빨리 움직이면 움직일수록 무릎에 오는 통증은 배가 된다. 또한 일단 오르게 되면 절대 다시 내려올 수 없기에 최대한 빨리 올라가야 하는데 대부분 앞에 사람이 막혀 있는 경우가 많아 이리저리 피해 올라야 하기에 오르는 길이 더욱 길어지고 정상이 아득해지기만 한다. 무엇보다 이렇게 오르면 무릎에 손상을 가져올 확률이 매우 높다. 반면 한 계단씩 기도하며 시간차를 두며 오를 경우에는 그와 반대로 통증은 점차 감소되고 28개의 기도제목을 갖고 기도하며 오르면 은혜로 채워질 것이다.

성 계단 교회 측면

1510년, 로마 포폴로 성문을 통해 들어온 수많은 순례자들 가운데 성 아우구스티누스회 수사 마틴 루터Martin Luter가 있었다. 로마에 들어선 그는 무릎을 꿇고 "순교자들이 흘린 피로 정화된 로마여!" 하며 감격하였다. 그는 성지 로마가 자신의 신앙적 고민을 모두 해결해 줄 것으로 기대하였다. 그러나 그의 눈에 비친 로마는 성지 로마가 아니었다. 허영과 사치 그리고 타락과 부패로 얼룩져 있는 로마를 보며 그는 실망을 금치 못했다.

그가 로마를 떠나기 전 마지막으로 기대를 건 곳은 바로 성 계단이었다. 그도 무릎을 꿇고 한 계단 한 계단 기도를 드리며 올라갔다. 그러나 그의 마지막 기대마저 무너지고 말았다. 마틴 루터가 이곳에서 로마서 1장 17절 말씀을 붙들고 걸어 내려와 종교개혁을 했다는 이야기는 개신교인들에게 알려진 유명한 일화이다. 본 계단은 무릎으로 올라가 옆 계단으로 내려오게 되는데 루터가 처음이자 마지막으로 본 계단으로 걸어 내려온 장본인이 되었다.

무릎으로 오르는 성 계단의 순례자들

곁/길/ 빌라도에 대하여

본디오 빌라도$^{Pilato\ ponzio}$는 로마 황제 티베리우스$^{Tiberius,\ AD.14~37\ 재위}$ 치하에서 유다 총독으로 임명된 전형적인 정치군인이었다. 초대 로마 황제 아우구스투스의 사위였던 아그립바 1세는 빌라도가 천성적으로 고집불통이었고 굽힐 줄 모르는 엄격한 사람이었다고 증언한다. 그럼에도 불구하고 빌라도는 예수님이 죄 없으심을 알고도 유대인들에게 내어 주는 비겁함을 보였다.

빌라도는 예수님을 재판하기 전에 총독직을 위협하는 민중봉기를 두 번이나 겪었는데 첫 봉기는 로마군을 투입하여 거룩한 성 예루살렘을 세속화시키려고 시도한 데서 발생했다. 유대인들의 폭동에 빌라도는 5일 만에 군대를 철수시켰다. 두 번째는 예루살렘에 있는 헤롯 궁전에 세운 로마 기념비를 제거하라는 봉기였다.

유대인들이 예수님을 고소하였을 때 그의 아내는 남편 빌라도로 하여금 예수를 석방시키도록 청원하였다.$^{마\ 27:19}$ 그러나 빌라도는 자신의 지위와 권력으로 바른 판단을 내릴 수 있었는데도 두 번의 봉기를 겪은 후라 용기가 없었다. 이 상황을 마태복음 27:24은 이렇게 말한다. "빌라도가 아무 성과도 없이 도리어 민란이 나려는 것을 보고 물을 가져다가 무리 앞에서 손을 씻으며 이르되 이 사람의 피에 대하여 나는 무죄하니 너희가 당하라."

교회사가 유세비우스에 의하면 그는 이 비극의 순간을 잊을 수 없었으며 그로부터 수년 후에 유배를 당했을 때 그곳에서 고심하다가 자살했다고 한다. 그의 출생지는 이탈리아 남부 칼라브리아 주의 노카라^{Nocara} 마을로 알려져 있다.

8
여덟 번째 보화
성인들의 길

성녀 아네제
나보나 광장

성녀 체칠리아
신타 제칠리이 교회

성녀 모니카
성 어거스틴 교회

성 베네딕토
수비아코 베네딕토 수도원

성 프란체스코
아씨시

성인들의 길

1. 성녀 아네제아그네스 – 나보나 광장Piazza Navona

로마에서 가장 아름답기로 소문난 나보나 광장. 이곳은 매일 무명 미술가들의 갤러리가 열리고, 종종 한쪽 구석에서는 아마추어 예능인들의 즉석 무대가 펼쳐지기도 한다.

광장 주변으로 둘러싼 레스토랑과 바Bar에는 하루 종일 사람들이 붐비고 저녁이 되면 조명등 아래 베르니니의 4대강 분수나일, 갠지스, 다뉴브, 라플라타 강을 의인화한 조각상가 무명 악사들의 바이올린 소리와 함께 낭만의 밤을 제공해 준다.

돌로 만든 음악이란 극찬을 받았던 아네제 교회

　본래 나보나 광장은 도미티아누스 경기장이었다. 1937년 광장 아래로 경기장 트랙이 발견되었을 때 로마 시민들의 반응은 대단했다. 나보나 광장이 타원형의 모습이라 그때까지 전차 경기장으로 오해되어 왔는데 이번 발굴로 인하여 달리기, 투창, 원반던지기 등이 행해지던 종합경기장이었음이 밝혀진 것이다. 현재 나보나 광장 서편 끝자락에서 발굴 현장의 흔적을 찾아볼 수 있다.

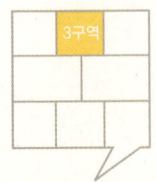

① 아네제 교회
주소 : Piazza Navona
지도 : 3구역

③ 성 어거스틴 교회
교회 주소 : Piazza di Sant'Agostino 80, Roma
개방 시간 : 매일 오전 07:00-12:30 오후 16:00-18:30
지도 : 3구역

도미티아누스 경기장은 AD 86년 로마 도미티아누스 황제^{콜로세움을 건축한 베스파시아누스 황제의 아들이며 AD 70년 유대를 멸망시킨 티투스 황제의 동생} 때 세워진 것으로 길이 275m, 축 106m로 수용인원 3만 명 규모였다. 4세기에 와서 화재로 붕괴되었고 콘스탄티누스 2세가 콘스탄티노플로 대리석을 탈취해 가면서 완전히 파괴된 후 서서히 흙으로 덮였다.

운치와 생동감이 넘치는 나보나 광장

나중에 이곳에 주택들이 들어서기 시작했는데 르네상스 시대에는 궁전들도 세워졌고 교황 인노센트 10세가 자신의 가문의 소유인 이곳에 건축 사업을 벌인 결과, 지금도 바로크 시대의 로마 모습이 남아 있다.

보로미니의 작품인 '산타 아네제 인 아고네 교회'는 '돌로 만든 음악'이 란 극찬을 받았고, 로렌조 베르니니의 4대강 분수는 나보나 광장을 가장 운치 있고 생동감 넘치는 광장으로 만들었다.

최초의 교회 역사가인 유세비우스는 도미티아누스 황제에 대해 이렇게 말한다. "잔인하게 사람들을 다뤘던 도미티아누스는 귀족들을 부당하게 처형하여 그들의 재산을 몰수하였다. 그는 하나님에 대한 증오심과 적대심을 표출하였는데 그의 부친 베스파시아누스 황제가 기독교인들에게 아무런 편견을 갖지 않은 것과는 달리 기독교인들에게 네로에 이어 박해를 시도했다."

콘스탄티누스의 기독교 공인 바로 직전 기독교의 마지막 대 박해를 감행한 디오클레티아누스 황제 치하 시기인 AD 303년, 13세의 한 어린 소녀가 이곳 도미티아누스 경기장 중앙에 서 있었다. 소녀는 로마 병사들에 의해 화형장인 이곳으로 끌려온 것이다. 이 소녀는 자신의 아름다움으로 인해 많은 남자들로부터 청혼을 받았는데 예수 그리스도 외에는 배우자를 둘 수 없다며 모두 단호하게 거절하였다. 이는 청혼한 사람들로 하여금 좌절과 분노를 주었고 결국 그녀가 그리스도교도임을 폭로하게끔 하여 끌려오게 된 것이다.

광장 한복판에 그녀가 세워지자 병사들이 그녀를 벌거벗기기 시작했다. 이는 군중들이 보는 앞에서 최대의 수치심을 느끼도록 하기 위한 잔인한 방법이었다. 그런데 이때 소녀의 묶었던 머리가 풀리며 길게 자라나 저절로 온몸을 감싸는 기적이 일어났다. 잠시 후 화형대에 쌓아 놓은 장작에 불이 지펴지자 불길이 그녀를 피해 갈라지는 놀라운 기적이 또 다시 일어났다. 이에 놀란 군중들은 그녀를 마녀라고 부르짖기 시작하였고, 형

집행자들도 두려움에 휩싸여 한 병사를 시켜 즉시 참수하도록 하였다. 순교의 순간 어린 소녀는 이런 말을 남겼다.

"전능하시고 영원하시고 온전하신 주님께 이 몸을 바칩니다. 이제 사랑하고 영원히 사모하는 주님께 가렵니다."

그녀가 순교한 지 10년이 지나 기독교가 공인되고 이 일을 생생히 기억하는 로마의 기독교인들은 이름이 알려지지 않았던 숭고한 소녀에게 '주님의 어린양'이라는 뜻인 '아네제'Agnese란 이름을 붙여 주었다.

8세기, 그녀가 순교한 장소로 여겨지는 현재 나보나 광장 아치문 위에 산타네제 인 아고네Sant'Agense in Agone 교회가 세워졌고, 그녀가 묻혀 있던 노멘타나 길에도 산타네제Sant'Agnese 교회를 세웠다. 현재 이탈리아어로 '아넬로'Agnello는 '어린 새끼 양'이란 뜻이고 아고네Agone는 '고대경기장'이란 뜻을 갖고 있다.

노멘타나 길 산타네제 교회 내부에 있는 아네제 모자이크

곁/길/ 성녀 아네제의 카타콤 Cimitero di Sant'agnese

　로마의 노멘타나 길을 따라 시내에서 3km쯤^{Via Nomentana 349번지} 나가다 보면 왼쪽 부근에 작고 예쁜 쿠폴라 3개로 이루러진 교회가 보이는데 이 교회가 산타네제 교회이다. 교회 지하에는 카타콤이 형성되어 있는데 1600m 길이에 6,000여 구의 시신이 묻혀 있다. 순교자 아네제가 이곳에 묻혀 있다는 이유로 그녀의 이름을 따라 성녀 아네제 카타콤으로 불린다.

2. 성녀 체칠리아세실리아–산타 체칠리아 교회Basilica di Santa Cecilia in Trastevere

로마의 다섯 번째 박해 시기인 마르쿠스 아우렐리우스 황제 치하[160-180] 당시 체칠리아Cecilia는 로마 명문가의 자녀임에도 불구하고 기독교로 개종을 했고, 부모에 의해 강제로 귀족 발레리아누스와 결혼했지만 나중에 남편과 시동생 모두를 기독교도로 개종시켰다. 이들은 순교한 기독교 신자들을 묻어 주다가 체포되었는데 남편과 시동생은 참수형을 받았고, 체칠리아는 뜨거운 열탕에서 증기로 질식사하는 형을 받았다. 하지만 그녀는 그곳에서 찬양을 불렀고 하루가 지났지만 죽지 않고 살아나왔다. 찬양으로 뜨거워진 그녀를 열기가 삼키지 못한 것일까? 그러자 집행자들은 다시금 참수형을 선고했는데 체칠리아의 목을 세 번이나 내리쳤지만 그녀의 목은 절단되지 않았고 3일을 더 살다가 숨을 거두었다. 당시 로마형법엔 세 번까지만 칼을 내리칠 수 있었다.

체칠리아는 숨이 붙어 있는 마지막 순간까지 예수 그리스도를 찬양하는 노래를 불렀다고 전해지는데 그녀의 유해는 아피아 가도 칼리스토 카타콤에 묻혀 있다가 9세기에 교황 파스콸레 1세가 체칠리아의 생가가 있는 트라스테베레로 옮기고 그곳에 교회를 세웠다. 이 교회가 '트라스테베레의 산타 체칠리아'이다.

1599년 10월, 교회에 있던 성녀의 유해 보수 작업을 위해 처음으로 관을 열었을 때 로마의 모든 사람들이 소스라치게 놀랐다. 1,400여 년이 지난 체칠리아의 시신이 조금도 부패되지 않고 생생하게 보존되어 있었던 것이다. 이 모습을 23세의 젊은 조각가 스테파노 마데르노Stefano Maderno가 즉시 스케치하였다가 후에 조각 작품으로 남겨 놓았다.

조각상은 체칠리아의 고귀하고 순결한 실물 모습 그대로, 방금 전에 순교한 것처럼 사실적이며 극적인 감동을 불러온다. 성녀 체칠리아의 목은 절단되지 않은 채 칼자국만 선명하게 나 있을 뿐인데 그녀의 손을 유심히 보면 한 손가락과 세 손가락을 펼쳐 보이고 있다. 이는 성부 하나님, 성자 하나님, 성령 하나님의 삼위일체 하나님을 증언하고 있는 것이다. 이후에 삼위일체는 325년 니케아공의회에서 교리로 확정되었다.

1582년 문을 연 오늘날 세계에서 가장 오래된 음악 교육 기관인 로마의 '산타 체칠리아 국립 아카데미'도 성녀 체칠리아의 이름을 따라 지어졌다.

산타 체칠리아 교회 정면

목에 난 선명한 칼자국

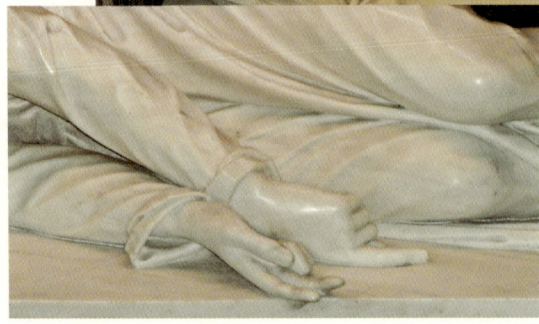

삼위일체를 증언하는 손가락

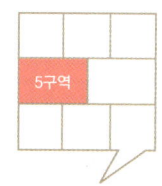

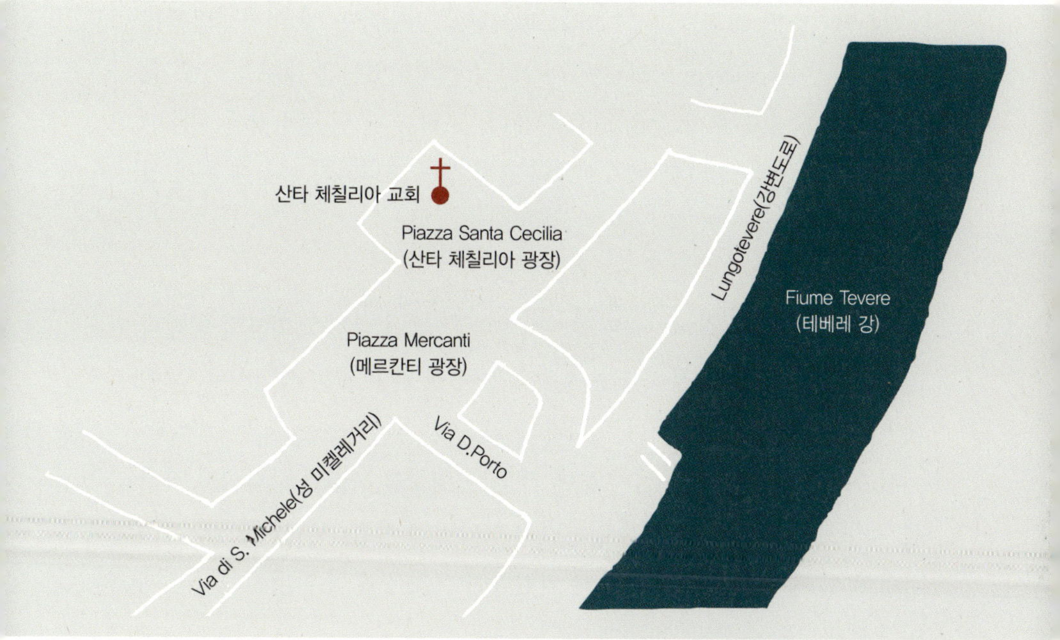

산타 체칠리아 교회

Piazza Santa Cecilia
(산타 체칠리아 광장)

Piazza Mercanti
(메르칸티 광장)

Via di S. Michele(성 미켈레거리)

Via D.Porto

Lungotevere(강변도로)

Fiume Tevere
(테베레 강)

산타 체칠리아 교회
교회 주소 : Piazza di Santa Cecilia 22, Roma
개방 시간 : 오전 09:30-13:00 오후 16:00-18:30
지도 : 5구역

성인들의 길

3. 성녀 모니카-성 어거스틴 교회 Chiesa di Sant'Agostino

나보나 광장에서 대법원 방향으로 나가면 앞에 가로지르는 길이 Via San Agostino인데 오른쪽 방향으로 100m쯤 가면 'Piazza Agostino'라는 아주 작은 광장이 나타난다. 210쪽 지도 광장 정면에는 교회 하나가 서 있는데 의외로 기풍 당당한 모습이다.

성 어거스틴 교회성 아고스티노 교회는 1483년에 건립하여 성 어거스틴에게 바쳐졌다. 이후 교회는 1761년에 대규모로 개조되었는데 내부는 아주 잘 정돈된 방과 같고 보석 같은 느낌을 준다. 교회 후진 왼쪽의 작은 예배당에 기념묘가 있는데 바로 어거스틴의 모친 성녀 모니카가 이곳에 묻혀 있다.

기독교 역사상 성 어거스틴 Augustine of Hippo, 354~430이 남긴 교회사적 공헌과 신학적 영향은 전무후무하다는 것은 누구나 잘 알고 있는 사실이다. 그런데 이런 그의 뒤에는 어머니 모니카가 있었다. 어거스틴은 그의 "고백록"에서 어머니 모니카는 자신의 삶에 가장 큰 영향을 끼쳤던 사람이고 자신을 '눈물로 기다렸던 분'이라 칭하면서 하나님께 이런 고백을 하였다. "하나님이여, 제가 아버지의 아들이 되었다면 그것은 오직 아버지께서 제게 이런 어머니를 주셨기 때문입니다."

성녀 모니카는 북아프리카 누미디아지금의 알제리 지방의 작은 마을 타가스테에서 출생하였는데 그의 부모는 모두 그리스도 교인이었다. 모니카는 이교도인이었던 파트리키우스와 결혼하였는데 정확한 이유는 알 수 없으나 그녀의 남편이 지방 유지인 것으로 보아 가문 간의 결혼으로 추측할 수 있다. 결혼 후 모니카는 3명의 자녀를 두었는데 첫 아들이 어거스틴 Augustinus이고, 그 다음이 둘째 아들 나비지우스 Navigius와 딸 페르페투아 Perpetua이다.

기풍 당당한 성 어거스틴 교회 정면 파사드

싸움과 불화를 평화로 바꾸는 그녀의 능력은 끊임없는 기도에서 나왔다. AD 370년경 남편과 시어머니를 개종시켰으며, 마니교에 빠져 있던 아들 어거스틴을 위하여 매일 밤마다 애절한 눈물의 기도를 드렸으며, 어거스틴은 그리스도교의 깊은 진리를 받아들이고 드디어 AD 387년 부활절에 세례를 받았다.

모니카는 아들 어거스틴과 함께 살다가 로마 근교 오스티아(Ostia)에서 운명하였다. 어거스틴은 마지막 나팔 소리에 홀연히 다 변화될 것을 사모하며 어머니의 죽음을 기쁨으로 맞이하려 했다. 그러나 끝내 슬픔을 이기지 못하고 그의 눈에서는 눈물샘이 마르기까지 눈물이 흘러내렸다. 어머니가 마지막 숨을 거두자 눈물은 대성통곡으로 변했다. 그러나 곧바로 어머니의 존엄성을 위하여 울음을 멈추었다고 한다.

어거스틴 교회 내부의 모니카 석관

어거스틴은 어머니를 고향으로 모셔가서 그곳에 묻고자 했으나, 임종시 어머니 모니카는 어느 곳에 묻혀도 하나님은 다 알아보시고 부활시켜 주신다면서 자신을 그냥 로마에 묻도록 하였다. 오스티아에 묻혔던 그녀의 유해를 1430년 교황 마르티노 5세^{예루살렘에서 벽옥 기둥을 가져온 콜론나 가문의 교황}가 이곳으로 옮겨 안장하였다.

4. 성 베네딕토-수비아코 베네딕토 수도원 Il monastero di San Benedetto di Subiaco

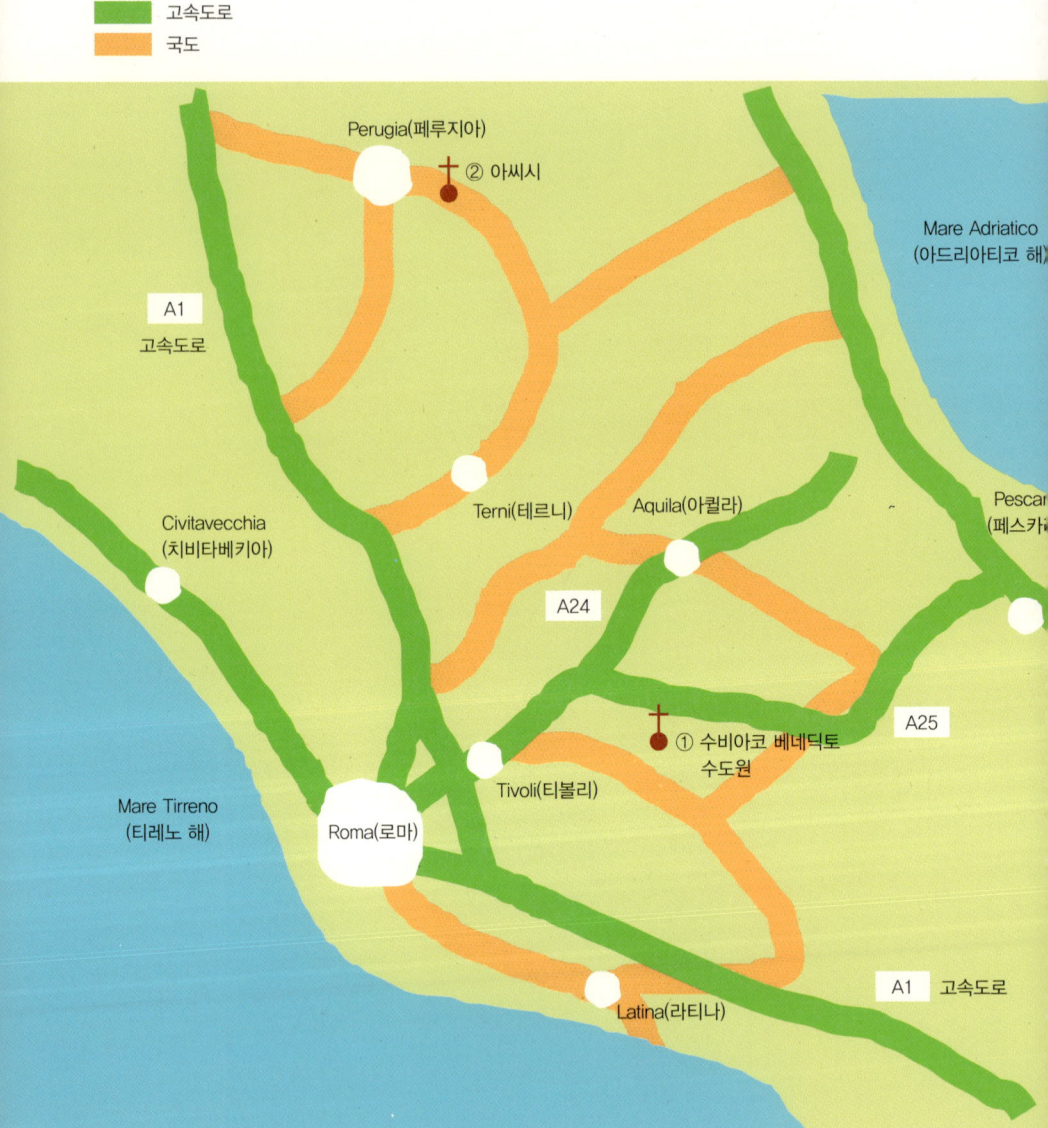

차량으로 로마에서 A1 고속도로를 타고 아퀼라 방향으로 30분쯤 달리다 'Vicovaro Mandela' 톨게이트로 나가면 왼쪽 방향을 가리키는 '수비아코'[Subiaco] 팻말이 보인다. 한국의 산야와 비슷한 국도를 따라 30분쯤 달리면 수비아코 마을에 도착하는데 이곳에서 다시 수도원 팻말을 따라 속리산 말티재 같은 좁은 산길을 따라 10분 정도 올라가면 베네딕토 수도원이 나타난다. 로마에서 그리 먼 거리는 아닌데 이곳을 찾는 사람들은 많지 않다. 그러나 이곳은 깊은 산중에 1500년 간 고이 간직된 영성이 은은히 살아 숨쉬는 또 하나의 숨겨진 보화이다.

베네딕토[Benedetto, 480-547]는 AD 480년 이탈리아 중부 움브리아 지방 노르치아[Norcia]에서 부유한 귀족의 아들로 태어났다. 그가 20세 되던 해에 로마로 유학을 떠났는데 당시 로마는 서로마 제국 멸망[AD 476년] 이후 사회가 붕괴되고 윤리적으로 타락해 있었다. 퇴폐적인 사회는 그에게 심한 갈등을 주었고 학문에 회의를 갖게 하였다. 성직자들의 방종을 목격한 베네딕토는 환멸을 느끼고 로마를 떠나 70km 떨어진 수비아코의 깊은 산속 동굴로 들어갔다. 그는 그곳에서 3년간 은거하며 독수생활을 하였는데 가끔 절벽 아래로 내려오는 두레박에 담긴 빵조각으로 연명하였다.

수비아코 베네딕토 수도원
개방 시간 : 오전 09:00-12:30 오후 15:00-18:00

베네딕토가 수도했던 동굴의 절벽

베네딕토 사후 500년이 지나 세워진 현재의 수도원

낫이 떠오른 기적(수비아코 베데딕토 수도원)

이후 베네딕토는 수비아코 근방에 12개의 수도원을 세웠으며 몬테카시노Montecassino에서 설립한 수도회는 대대적으로 유럽 전 지역으로 퍼져나갔다. '금욕, 독서, 기도, 노동'을 기본으로 하는 수도회 규칙은 나중에 서방교회가톨릭 수도원의 중요한 규칙서가 되었다. 베네딕토는 오늘날 서방교회 수도회의 아버지로 불리고 있다.

1) 낫을 찾아준 이야기

체격은 건장하지만 지능이 좀 모자란 고트인 한 사람이 숲에서 일을 하다가 낫을 물에 빠뜨리고 슬퍼하고 있었다. 이를 본 베네딕토 성인이 그를 도와주고자 하였다. 성인이 낫자루를 물에 넣자마자 깊은 물속에서 낫이 떠오르더니 손잡이에 다시 끼워졌다. 베네딕토 성인은 고트인에게 낫을 돌려주며 이렇게 말했다.

"일을 하라 그리고 슬퍼하지 말라"

이 문장은 베네딕토 수도승들의 모든 일터에서 발견되는 문장이다. 베네딕토는 모든 수도승들이 스스로 일을 하여 자급자족하도록 하였다. 이렇게 한 근본적 이유는 노동은 수도승들에게 내적인 자유를 주기 때문이었다. 당시 수도승들은 노동은 수도생활에 장애물로 여겨 후원자에게 의지하며 살고 있었다. 그러나 베네딕토는 수도승들이 후원자에게 의지한다면 삶이 자유롭지 못하다는 사실을 간파하였다. 그렇게 되면 독자적으로 사는 것이 아니라 다른 사람에 의해 운명이 주어진다고 여겼다. 이는 이미 텐트 메이커로 자비량하였던 사도 바울이 깨달은 바였다.고전 9:1 노동은 수도자의 일과 중에 큰 비중을 차지하였는데 베네딕토는 '한가함은 영혼의 원수', '노동은 공동기도'라고 설파하였다.

인도의 간디는 이런 말을 하였다. "두 종류의 사람이 있다. 일을 하는 사람과 명성이 필요한 사람이다. 첫 그룹에 속하도록 하라. 그곳에서 하는 투쟁이 덜 사악하다."

베네딕토 성인도 이미 이러한 내용을 '수도규칙'에서 밝힌 바 있다. "명성을 얻기 위해 일을 하는 사람은 실제로 일을 하는 것이 아니다. 그는 자신이 중심에 서기 위하여 일을 이용할 뿐이다. 자신을 위한 일은 축복이 아니고 단지 목적을 향한 수단일 뿐이다. 그들에게 일은 오직 자신의 명성과 이기심만을 위한 것이다."

사람에게 노동은 힘겹고 때론 삶에 비애를 느끼게 하기도 한다. 또한 자신의 일은 하찮아 보여 좀 더 중요하고 멋진 일들을 하고 싶어한다. 베네딕토 성인은 그런 우리들에게 말한다.

"일을 하라. 그리고 슬퍼하지 말라. 그리고 명성을 위해서 일하지 말라."

2) 까마귀 이야기

수비아코에서 20km 떨어진 비코바로^{Vicovaro}에 있던 수도원의 수사들이 명성이 난 베네딕토를 찾아와 그곳 원장을 맡아 주길 간청하였다. 얼마 후 이를 수락하여 부임하였는데 규율이 문란하고 무질서한 수도사들의 수도원 생활은 베네딕토의 마음을 몹시 불편하게 하였다. 이에 그는 수도원의 제도를 개혁하고자 하였다.

날이 갈수록 엄격한 규율을 요구하자 비코바로 수사들은 그를 초빙한 것을 후회하고 급기야는 그에게 불만을 품고 반발한 자들이 그를 해치려는 음모를 꾸몄다. 그들은 먼저 식탁에 올라오는 포도주 잔에 독약을 탔다. 베네딕토가 평상시와 같이 식탁에 앉아 기도 후 성호를 긋자 순간 잔

독이 든 빵을 물고 가는 까마귀(수비아코 베네딕토 수도원)

이 산산이 부서지는 일이 발생하였다. 다음번에는 독이 든 빵을 제공하였다. 그런데 빵을 베네딕토가 들려 하는 순간 까마귀 한 마리가 날아와 그것을 재빨리 물고 달아났다. 이 사건 이후 베네딕토는 그곳을 떠나 다시 수비아코 동굴로 돌아와 은둔생활을 하며 그에게 찾아오는 수도자들을 중심으로 주변에 12개의 수도원을 세웠다. 까마귀는 나중에 베네딕토 수도회에 중요한 상징물이 되었다.

3) 가시밭 이야기

베네딕토가 수도하던 어느 날 마귀가 그를 넘어뜨리려고 마음에 자연스런 욕정을 불러일으켰다. 비록 자연스러운 것이었지만 베네딕토는 이

가시밭을 뒹구는 베네딕토(수비아코 베네딕토 수도원)

를 이겨 내고자 마귀와 사투를 벌이기 시작하였다. 그는 수도원의 쐐기풀 가시밭에 들어가 알몸으로 뒹굴기 시작하였다. 온몸이 피투성이가 될 때까지 유혹을 이기도록 기도하였는데 그의 몸은 가시에 할퀴고 찢기었지만 마음속에는 정욕이 사라지고 평온이 찾아왔다. 이후 베네딕토는 환상으로 찾아온 옛 연인을 쉽게 물리칠 수 있었고, 또한 계속 이어지는 유혹들도 단호히 물리쳤다. 마귀는 이후 다시 찾아오지 않았다.

현재 베네딕토 수도원에는 1224년에 프란체스코가 방문했다는 기록과 17세기에 그려진 그의 초상화 그림 한 점 남아 있다.

성 프란체스코도 어느 날 자신의 마음속에 솟아나는 죄악 된 생각에 고통스러워하다 장미 가시밭에 들어가 뒹굴었다. 이때 하나님께서 긍휼을 베푸셔서 장미의 가시를 모두 없애 주셨다. 베네딕토는 480년대 사람이고 프란체스코는 1180년대 사람이니 700년이란 시대 차이가 있다. 어쩌면 프란체스코는 베네딕토를 따라 장미 밭을 뒹굴었는지도 모른다. 그런데 하나님은 재미있게도 프란체스코와 베네딕토 둘 다 똑같이 가시밭을 뒹굴었는데 프란체스코가 뒹군 장미밭의 가시는 모두 없애셨고, 베네딕토가 뒹군 가시는 그대로 남기신 것이다.

오늘날 수도원 아래 밖으로 나가면 조그마한 장미 정원이 나타난다. 이곳에는 프란체스코가 아씨시에 있는 가시 없는 장미를 가져다 이식해 놓았다고 한다. 그런데 이 장미는 실 가시도 아닌 아주 굵직한 가시를 내고 있다.

누구는 없애 주시고 누구는 그냥 놔두시고…… 하나님은 좀 불공평하신 듯하다. 그런데 베네딕토의 체구는 아주 건강한 반면 프란체스코는 아주 왜소하였다. 그래서 이런 생각을 하게 된다. 공평하신 하나님은 베네딕토는 감당할 만하니까 그냥 남겨 두신 것이고 프란체스코는 도저히 감당이 안 되니까 없애신 것이라고…….

수비아코 베네딕토 수도원을 방문한 성 프란체스코 초상화

4) 거룩한 동굴 이야기

거룩한 동굴 Sacro Speco 은 베네딕토가 3년간 은둔하여 수도했던 곳이다. 그는 이곳 동굴

성인들의 길 **229**

몬테카시노 수도원

베네딕토가 은둔 수도했던 동굴 내부

에서 마을 사람들이 가끔 절벽 아래로 내려주는 두레박에 담긴 빵 조각으로 연명을 하였다. 입구 벽에 지난 16세기에 쓴 라틴어 글이 하나 있다.

LUMINA SI QUAERIS, BENEDICTE, QUID ELEGIS ANTRA?
QUAESITI SERVANT LUMINIS ANTRA NIHIL.
SED PERGE IN TENEBRIS RADIORUM QUAERERE LUCEM:
NONNISI AB OBSCURA SIDERA NOCTE MICANT

베네딕토야, 너는 빛을 찾는다면서 왜 어둔 동굴을 선택했니?
동굴은 네가 찾는 빛을 줄 수 없단다.
그렇지만 어둠 속에서도 계속 찬연한 빛을 찾으렴.
왜냐면 깊은 밤에서만 별이 찬란히 빛나기 때문이다.

5) 몬테카시노 수도원 이야기

　베네딕토는 AD 529년경 수비아코를 떠나 로마에서 약 140Km 떨어져 있는 카시노 지방의 웅장한 산악의 높은 지대에 정착하였다. 그곳이 오늘날 성 베네딕토 수도회의 본부가 된 몬테카시노^{Montecassino}이다. 성 베네딕토는 죽을 때까지 몬테카시노 수도원을 떠나지 않았는데 AD 547년 3월 21일 이곳에서 운명하였다고 전해진다.

　이곳에는 쌍둥이 누이동생인 성녀 스콜라스티카^{Scholastica}도 함께 매장되었다. 그녀는 몬테카시노 수도원에서 약 8km 떨어진 피우마롤라^{Piumarola}에 수녀원을 설립하였다. 성 베네딕토의 쌍둥이 동생으로 태어난 스콜라스티카는 아름다웠고 또한 부유한 가정이었으므로 나이가 들자 많은 로마 청년 귀족들로부터 청혼을 받았다. 그러나 그녀는 조금도 마음의 요동 없이 그 혼담을 물리쳤는데 자신도 오빠와 같이 일생을 하나님께 봉헌하기를 원했기 때문이었다.

　베네딕토는 수도원에서 기도를 하던 중 누이의 영혼이 하얀 비둘기의 모습으로 하늘로 올라가는 것을 보았다. 그러자 베네딕토는 수사들에게 누이의 죽음을 알리고 나중에 자신을 위해서 마련해 두었던 무덤에 그녀의 시신을 안장하였다. 이때가 547년 초였다.

　몇 달 후 베네딕토도 세상을 떠났다. 쌍둥이로 같이 세상에 왔다가 한 사람은 수사로, 한 사람은 수녀로 하나님께 봉헌했고 같은 해에 일생을 마친 것이다. 오늘날 수도원 내에는 두 손을 하늘로 향해 들고 있는 베네딕토 청동상을 볼 수 있는데 그는 죽음의 마지막 순간에 누운 채로 하나님을 볼 수 없다 하여 자신을 부축하여 세우도록 하였고, 그 상태에서 임종하였다고 한다.

　몬테카시노 수도원은 568년경 롱고바르디족에 의해 파괴되어 720년 재건되었다가, 그 후 884년에 사라센인과 1046년에 노르만족에 의해 재차 파괴되었다. 17세기 중반에는 수도원 도서관에 교황과 황제, 제후들이 기증한 1천 점 이상의 고문서와 800점이 넘는 14세기 이전의 사본들을 갖춘 이탈리아에서 가장 중요한 도서관이 되었다. 1866년 수도원은 이탈리아의 국민기념물로 지정되었다. 그러나 1944년 제2차 세계대전 중 독일군이 수도원을 관측기지로 사용한다는 오보에 의해 연합국의 대대적인 폭격으로 완전히 파괴되고 말았다. 그 후 다시 재건된 수도원은 화강암 흰색 대리석으로 폭 100m, 길이 200m의 현재 건물로 탈바꿈하였다.

3. 성 프란체스코 – 아씨시^{Assisi}

산 중턱에 자리 잡고 있는 아씨시에 오르는 도로 입구에는 다음과 같은 문구가 적힌 팻말이 방문객을 맞이한다. "평화의 도시 아씨시에 오신 것을 환영합니다." 성 프란체스코^{S.Francesco}의 고향 아씨시. 이 도시의 모토는 '평화'이다.

프란체스코는 1182년 이탈리아 중부 움부리아 지방의 한 작은 도시 아씨시에서 태어났다. 부친이 부유한 포목상이었기에 청년 시절 심한 씀씀

이로 동료들에게 인기를 얻었고 그들과 어울려 파티를 즐기며 쾌락의 길을 걸었다.

당시 아씨시는 20km 근접한 거리에 있는 페루지아와 전쟁을 여러 번 치르곤 하였는데 프란체스코는 18세 되던 해 기사의 꿈을 안고 전쟁에 나갔다. 그러나 전쟁은 아씨시의 패배로 끝나고 그만 포로가 되고 말았다. 그는 페루지아의 지하 감옥에 감금되어 1년간의 세월을 보냈다. 포로생활에서 풀려나 아씨시로 돌아온 프란체스코는 2~3년간 이름 모를 중병에 시달렸는데 이때 그의 삶에 놀라운 변화가 일어나고 있었다. 경박했던 자신의 삶에 허무를 느꼈고 알 수 없는 불안감이 압박해 왔다. 그러던 어느 날 길가에 앉아 있는 한센병자를 보는 순간 한번 안아 주고 싶다는 마

아씨시 프란체스코 대교회

음이 강렬하게 일어났다. 프란체스코가 한센병자에게 다가가 그를 포근히 껴안았을 때 그의 마음에는 전에 한번도 느껴 보지 못했던 평안과 행복이 가득 밀려왔다.

프란체스코는 호화로운 세속의 모든 생활을 청산하고 가난한 삶을 살고자 하였다. 친구들은 갑자기 변해 버린 프란체스코에게 누구와 사랑에 빠졌길래 이런 미친 짓을 하는가 물었는데 그는 이렇게 대답하였다.

"나는 매우 아름다운 여인에게 내 인생을 바칠 생각일세, 그 여인의 이름은 바로 '가난'이라고 하지."

그는 집에 값나가는 물건들을 팔아서 가난한 자들에게 나누어 주기 시작하였다. 그러다 나중엔 집에 쌓아 놓은 포목까지 들고 나가서 나누어 주었다. 프란체스코 부친은 그가 정신이상자가 되었다고 판단하고 집에 있는 작은 감옥에 그를 감금해 놓았다. 그러나 그것으로 프란체스코의 마음을 바꿀 순 없었다.

1205년 말, 프란체스코는 성 다미아노 교회에서 "무너져 가고 있는 나의 집을 고치라"라는 주님의 음성을 들었다. 그는 황폐한 교회들의 보수 작업을 위해 육체적 노동을 하며 비용을 충당하였다. 교회 보수비용으로 집안의 재산을 축내는 아들을 보며 참다못한 아버지는 끝내 법정에 고소하여 부자지간 관계를 정리하고자 하였다. 1206년, 집에서 가져간 재산을 모두 반환하라는 아버지의 요구에 프란체스코는 자신이 입고 있던 겉옷뿐만 아니라 속옷마저 모두 벗어서 부친께 드리고 알몸으로 법정을 나왔다는 이야기는 세인들에게 회자되는 유명한 일화이다. 부친의 재산 상속권을 포기한 프란체스코는 "이제부터 나의 유일한 아버지는 하늘에 계신 아버지뿐이다."라고 고백하였다고 한다.

극도의 청빈생활과 철저한 복음적 생활을 영위하는 프란체스코의 이상적 삶을 따르고자 하는 사람들이 모여들었고, 11명의 동료들로 프란체스코회가 시작되어 1209년 교황 인노센토 3세의 인준을 받았다. 처음에는 회칙이 너무나 이상적이고 엄격하여 인가를 거절하였으나, 교황이 쓰러져 가는 로마의 라테란 교회를 프란체스코가 어깨로 부축하여 세우는 꿈을 꾼 후 승인하였다고 한다. 청빈, 정결, 순명을 모티브로 한 프란체스코 탁발 수도회는 당시 혼란스럽던 사회와 교회에 나침반이 되어 주었다.

그리스도 닮기를 열망하였던 프란체스코는 죽기 2년 전인 1224년 라베르나 산$^{Monte\ la\ verna}$에서 그리스도의 거룩한 상처인 5상$^{예수님께서\ 십자가상에서\ 받으신\ 두\ 손바닥과\ 두\ 발바닥의\ 못\ 자국\ 그리고\ 가슴의\ 창\ 자국}$을 똑같은 부위에 받았다. 1226년 10월 3일, 프란체스코는 자신이 처음으로 손수 지었던 포르티운쿨라^{Portiuncular} 교회에서 임종했다. 프란체스코가 세상을 뜬 지 6개월 후 시모네라는 아씨시의 한 귀족이 도시 서쪽, 당시 사형수들이 처형되던 '지옥의 언덕'이라 불리는 곳을 기증하였다. 이 언덕은 이미 프란체스코가 자신의 무덤으로 지정해 두었던 곳이기도 했다. 당시 교황 그레고리오 9세는 프란체스코를 성인품에 올리고 이 언덕을 강복함으로 '천국의 언덕'으로 명명하였다. 그리고 성인의 유해를 모실 교회를 짓도록 하였다. 1230년 5월에 절벽 아래를 파고 내려간 곳에 무덤을 만들었고 1239년 종탑을 끝으로 교회가 완성되었다. 프란체스코의 무덤에는 그를 따랐던 레오, 루피노, 마세오, 안젤로 형제$^{Leone,\ Rufino,\ Masseo,\ Angelo}$들이 함께 묻혀 있다. 대교회의 위층에는 움브리아 대표적 화가 지오또가 성 프란체스코 생애 28점을 그려 놓았다.

굽비오의 사나운 늑대 이야기는 프란체스코에 관한 가장 유명한 이야기이다.

아씨시 북쪽 굽비오 마을에 큰 늑대 한 마리가 나타나 가축은 물론 사람까지 마구 해치는 일이 발생하였다. 늑대를 잡으려던 사람들마저 죽임을 당하자 마을 사람들은 극도의 두려움에 떨게 되었고 집 밖에도 나가지 못하고 있었다. 숲 속의 평화스럽던 마을은 하루아침에 공포의 마을로 변했다. 활과 창으로 무장한 사람들이 늑대를 잡으러 가려 할 때 이 소식을 들은 프란체스코가 자신이 먼저 늑대를 설득해 보겠다고 나섰다. 동네 사람들의 만류에도 불구하고 프란체스코가 숲 속에 들어갔을 때 큰 몸집에 사나운 이빨을 드러내고 증오의 눈으로 살기를 띤 채 으르렁거리고 있는 늑대를 만나게 되었다. 프란체스코는 늑대에게 다가가 이렇게 말했다.

"내게로 오렴, 늑대 형제여! 너는 마을 사람들을 해치는 큰 악을 행했구나. 지금 사람들은 너를 적으로 삼아 죽이려 하고 있다. 하지만 늑대여! 나는 너와 마을 사람들 사이가 평화롭기를 바란다. 그리스도의 이름으로 명하니 너는 더 이상 사람을 해치지 말라!"

프란체스코의 부드러우면서도 단호한 명령에 성난 늑대는 마치 온순

오바 교회Chiesa Nuova 내 프란체스코 생가 문 　　아버지 베르나르도 피에트로 부부상 　　부친이 프란체스코를 감금해 놓았던 작은 방

한 양처럼 꼬리를 내리고 머리를 숙인 채 프란체스코에게 오더니 발 앞에 엎드렸다. 그리고 프란체스코 손에 자신의 발을 얹음으로 이를 약속했다. 프란체스코를 따라 마을로 들어온 늑대와 마을 사람들은 평화 협정이 체결되었으니 늑대는 더 이상 마을 사람들을 해치거나 죽이지 않기로 약속했고, 사람들은 늑대를 가족처럼 돌보아줄 것을 약속했다. 늑대는 몸과 꼬리를 흔들고 머리를 끄덕임으로써 성자의 말을 받아들였고 마을 사람들은 프란체스코와 체결한 협정을 지켰다.

늑대는 그 후 2년을 더 살았는데 집 가까이 다가가면 사람들은 그에게 먹을 것을 주었고 개도 짖지 않았다. 늑대도 사람은 물론 어떤 가축도 해치지 않았다. 공포의 마을은 다시 고요한 평화의 마을을 되찾았고 사람들은 얌전히 거리를 다니는 늑대를 보며 성 프란체스코의 덕행과 거룩함을 찬미하였다.

오늘날 아씨시 시청광장$^{Piazza\ di\ comune}$에서 마찌니 거리 방향으로 오른쪽 아래에 누오바 교회$^{Chiesa\ Nuova}$가 있는데 성인의 조카 리카르도가 프란체스코의 생가 일부분 위에 세웠다. 교회 내부에는 부친이 프란체스코를 감금해 놓았던 작은 방이 있고, 아래로 내려가면 당시의 문 일부와 방이 보존되어 있다. 교회 앞뜰에는 프란체스코의 아버지 베르나르도 피에트로 부부상이 서 있다.

성 프란체스코 교회에서 약 2km 정도 떨어진 곳에 성녀 끼아라^{클라라} 교회가 있다. 끼아라$^{Chiara\ 1194-1253}$는 아씨시의 귀족의 장녀로 태어났는데 성 프란체스코의 이상적 삶을 따라 1212년 '가난한 자매회'를 창설하여 가난과 사랑의 수녀 공동체를 이끌었다. 극한의 청빈생활로 늘 병약하였지만 신비의 삶을 살 수 있었던 것은 그녀와 하나님과 둘만의 깊은 관상기도에 있었다. 그녀는 프란체스코에게 소중한 영적인 기도의 동역자였다. 성녀 사후 4년이 지나 1257년에 끼아라 교회가 건축되었고 성녀의 시신은 교회 지하에 묻혔다.

끼아라 수도원과 프란체스코 수도원은 십리도 채 안 되는 근접한 거리에 있었음에도 불구하고 프란체스코 성인과 끼아라가 일생동안 만난 것은 불과 두세 번이었다고 한다. 심지어 프란체스코 장례 행렬이 바로 이곳 끼아라 수도회를 지나서 갔는데 당시 끼아라는 걸을 수 없을 정도로 쇠약해져 있어 끝내 장례식에 참석하지 못했다고 한다.

시간적 여유가 있으면 꼭 들려볼 두 곳이 있다. 한 곳은 다미아노 수도원Chiesa di Damiano이고 다른 한 곳은 에레모 은둔소Eremo delle Carceri이다. 다미아노 수도원은 끼아라 교회에서 도보로 15분 거리에 있다. 이곳은 프란체스코가 주님으로부터 첫 소명을 받은 곳으로 무너져 가고 있는 교회를 수리하라는 주님의 음성을 들은 곳이다. 이곳에 가면 다미아노 십자가를 볼 수 있는데 프란체스코가 바로 이 십자가 아래서 기도하던 중 주님의 음성을 들었다. 다미아노 십자가는 이콘icon 특정한 의의를 지니고 제작된 미술양식. 그 구도가 일정한 양식에 의해 유형화 되어 있다이다. 12세기 시리아의 한 수도승에 의해 그려졌다. 이 이콘 안에 그리스도와 교회의 모든 신비가 담겨져 설명되고 있다.

에레모 은둔소는 아씨시 뒤편으로 4km 정도 떨어진 수바시오 산기슭에 자리잡고 있기 때문에 수월하게 갈 수 있는 곳은 아니다. 중간 지역까지 버스 편이 있지만 이곳까지 도보로 오르는 사람들도 꽤 많다. 이곳은 프란체스코가 은수 기도하였던 곳으로 알려져 있다. 그가 피정하였던 동굴로 내려가는 길은 5개의 문을 지나야 하는데 갈수록 좁아지는 문의 크기가 매우 인상적이다. 좁은 문으로 들어가길 힘쓰라는눅 13:24, 마 7:13-14 주님 말씀의 학습현장 같기도 하다. 주변 숲은 천년의 영성을 간직하고 있어 지금도 기도처소로 적합한 곳이다. 이곳에는 프란체스코가 나무에 앉아 있는 새들에게 설교하였다던 당시의 나무가 있어 흥미롭기조차 하다.

곁/길/ 가시 없는 장미

아씨시의 아랫 마을 천사들의 성모 마리아 교회^{Santa Maria degli Angeli}에 가면 ^{아씨시역에서 도보로 5분 거리} 교회 내부 중앙에 아주 자그마한 벽돌로 쌓아진 교회를 볼 수 있는데 바로 1208년 프란체스코가 손수 지었고, 프란체스코회 본부이기도 한 포르티운쿨라^{Portiuncular} 교회이다. 바로 이 교회 뒤편에서 프란체스코가 임종하였다. 이곳 교회에는 두 가지 신비로운 것이 있는데, 그것은 '가시 없는 장미'와 '흰 비둘기'이다.

여기에는 이런 이야기가 전해온다. 어느 날 프란체스코가 여전히 마음속에 남아 있는 자신의 죄악 된 생각에 고통을 이기지 못하고 괴로워하다가 이곳 가시가 많은 장미 밭에 들어가 알몸으로 뒹굴며 하나님께 용서를 구했다 한다. 그런데 그때 하나님께서 긍휼을 베푸시어 장미의 가시를 모두 없애 주셨다. 이 장미는 오늘까지도 여전히 가시를 내지 않고 있는데 세계에서 찾아볼 수 없는 유일의 가시 없는 장미이며, 더 이상 크지도 않고 번식도 하지 않고 있다. 20년 전부터 방문한 바로 이것을 증명할 수 있는데 크기도 그대로이고, 더 이상 생

천사들의 성모 마리아 교회 내 장미 정원과 늑대 상

항상 자리를 떠나지 않고 프란체스코 곁에 머물고 있는 흰 비둘기 한 쌍

프란체스코가 지은 포르티운쿨라 교회

장하지도 않았다. 최근에 발견한 흥미로운 사실은 가시 없는 장미 밭을 불과 2m 정도 벗어난 곳에 야생 장미 몇 그루가 있는데 그곳의 장미는 가시를 낸다는 사실이었다. 가시 없는 장미 이야기는 인위성보다는 신비로움이 잎시는 이야기가 틀림없다. 더욱이 놀라운 것은 이 장미를 다른 곳으로 옮겨 심으면 생명력을 잃는다는 사실이다. 이식한 장미가 유일하게 살아난 곳은 프란체스코가 직접 이식한 수비아코의 베네딕토 수도원의 장미 밭이다. 그런데 애석하게도 그곳의 장미에서는 굵은 가시를 내고 있다.

한편 장미 정원을 지나는 통로엔 프란체스코 상이 있는데 평화의 상징 흰 비둘기 두 마리가 항상 자리를 떠나지 않고 지키고 있다. 언제 먹이를 먹는지, 죽기는 하는 것인지, 죽으면 어떻게 다음 비둘기가 나타나는지, 왜 자리는 떠나지 않고 있는 것인지……. 인위적인 일들이 배후에 있을 것이란 생각이 들면서도 일시적인 방문자들에게는 모든 것이 신비이다.

성인들의 길 **241**

9

아홉 번째 보화
개척자들의 정신

왈도
발데제 교회

조르다노 브루노
캄포 데이 피오리 광장

개혁자들의 정신

1. 왈도 – 발데제 교회 Chiesa Evangelica Valdese

로마 대법원 뒤편 카보우르 광장 Piazza Cavour 한쪽 모퉁이에는 색다른 모양의 흰색 교회가 서 있다. 다소 생소하게 들릴 수 있는 발데제 교회이다. 왈도는 누구이며 발데제 교회는 어떤 교회인가? 발데제 교회가 최초의 개신교 교회였다고 한다면 더욱 의아스럽지 않은가?

기독교가 로마의 국교로 된 이후 1600년 동안 변함없이 이탈리아는 가톨릭 종주국으로 명맥을 유지해 왔다. 그럼에도 불구하고 1900년 초부터 지난 100년간 개신교의 줄기찬 선교가 이곳에도 있었다. 그러나 현재 복음교회로 일컫는 침례교회, 감리교회, 루터교회, 발데제 교회 등의 성도 수는 약 5만 명으로 이탈리아 전체 인구에 0.1%에 불과하다. 이로 이탈리

로마의 발데제 교회 정면

아는 개신교 선교사들의 무덤터라 불리었다. 그런데 바로 이런 복음주의 미전도국과 같은 땅에 최초의 개신교라 볼 수 있는 발데제 교회가 복음교회 중 가장 큰 규모로 존속하고 있다는 것은 참으로 아이러니하면서 흥미롭기조차 한 일이다.

발데제 교회는 발데스 복음주의 또는 왈도파 등으로 불리는데 1170년경 프랑스 리옹에서 왈도Waldo-피터 발데스(Peter Valdes), 발노Valdo로도 불림에 의해 시작되었다. 부유한 상인이었던 왈도는 부친이 거부 포목상이었다고도 전해짐 1173년 마태복음 19장 21절을 따라 재산을 모두 빈민들에게 나누어 준 뒤 청빈한 생활을 하였고, 사제의 도움을 받아 라틴어 성경을 프랑스어로 번역[4복음서]하여 일반 시민들에게 말씀을 가르치기 시작했다. 그의 가르침에 수많은 사람들이 따르기 시작했고 무리가 생기자 사람들은 그들을 '왈도파'라 불렀다. 가난, 도덕, 청빈, 무소유의 그들의 이상적 삶은 제3차 라테란 공의회[1179]에서 교황 알렉산더 3세의 승인을 받았다. 그러나 설교는 로마교회의 승인과 감독을 받아야 한다는 조건이 덧붙여졌다.

4구역

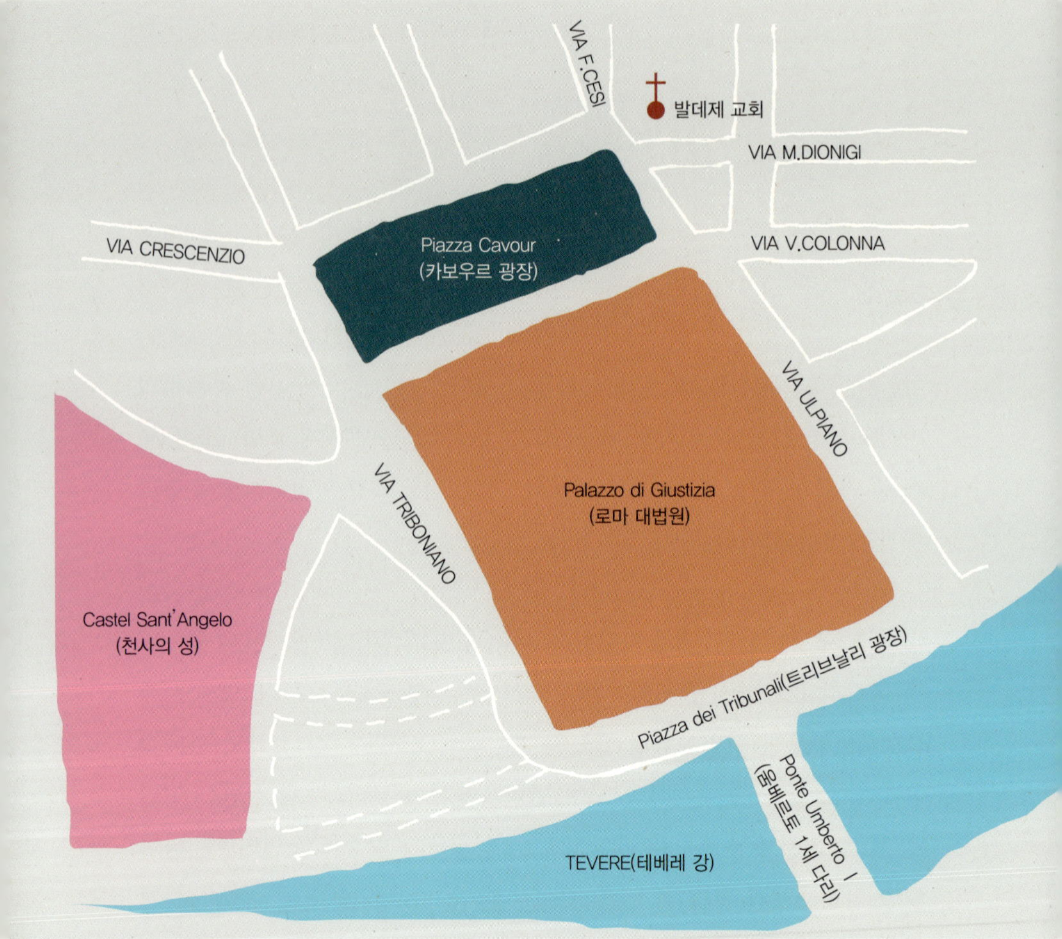

발데제 교회
주소 : Piazza cavour
지도 : 4구역

왈도파의 가르침은 주로 마태복음 5~7장 산상수훈 중심의 청빈을 덕목으로 하는 내용이었다. 그런데 이는 당시 부와 나태에 빠진 가톨릭을 강하게 단죄하는 내용이 되고 말았다. 왈도파의 본래 목적은 가톨릭의 개혁이 아니라 성경 말씀대로 살고자 함이었지만 이는 가톨릭의 거리낌이 되었다. 그럼에도 불구하고 왈도파는 시민들에게 청빈의 메시지를 계속 전하였다. 이에 교황청은 1181년 설교를 금지시켰고 결국 1184년 베로나에서 공표한 칙서를 통해 왈도파와 다른 유사한 집단들은 종교재판과 법정 처벌에 의해 제거되어야 함을 밝혔다. 이에 왈도파는 로마교회와 결별하고 독자적인 교회조직을 만들었다. 그들은 로마교회의 가르침에서 이탈했고, 로마가톨릭교회의 의식들을 배척하였다. 이들의 운동은 급속히 스페인, 프랑스 북부, 독일, 이탈리아 남부, 심지어 폴란드와 헝가리까지 퍼져나갔다. 이에 로마 교황청은 금지, 파문에서 적극적으로 박해와 처형으로 왈도파 운동을 막으려 했다. 특히, 교황권 최전성기를 맞은 인노센트 3세 때가 가장 심하였다.

여기서 잠깐 한 가지 흥미로운 사실은 당시 이탈리아 아씨시의 성 프란체스코[1182-1226]는 같은 교황 인노센트 3세에게 '작은 형제회'란 수도회를 인가 받는다. 프란체스코와 왈도는 아주 유사한 길을 걸어갔다. 프란체스코도 부유한 상인의 아들로 태어났고[부친은 프랑스와 무역한 포목상으로 왈도의 부친과도 상거래를 하였다는 이야기도 전해져 오고 있다. 프란체스코는 작은 프랑스인이란 뜻을 갖고 있다]. 나중에 모든 부를 버리고 가난을 택하여 철저한 청빈생활을 시작한다. 이에 감화를 받은 사람들이 하나둘 모여 무리를 이루자 로마 교황청에 청원하여 수도회 인가를 받은 것이다. 그러나 왈도는 로마 교황청으로부터 활동을 인가 받지 못했고 오히려 이단으로 규정되어 핍박을 받게 된 것이다. 이것은 그들을 극과 극으로 몰고 갔다. 프란체스코는 역사에 남은 세계인의 성인이 되었고, 왈도는 역사에 묻혀 개신교인들조차도 잘 알지 못하는 이단자로 남은 것이다.

　1217년 보헤미아^체코에서 왈도가 사망한 후 핍박은 더욱 심화되었다. 가난을 통하여 그리스도를 본받으려 했던 왈도파들은 종교개혁이라기보다 단지 성경적인 방법으로 돌아가려는 것 외에 다른 의도는 없었다. 그러나 그들을 이단으로 규정한 로마가톨릭은 군대까지 동원하여 도말하기에 이르렀다. 교황 그레고리 9세는 종교재판소를 설치하여 도미니코 수도회에서 관장하도록 하였는데 이후 잔혹한 이단박멸 수도회로 이름을 떨치게 되었다.

　15세기말경 발데제 교인들은 대부분 프랑스 남부와 이탈리아 국경 알프스 계곡에 모여 살았다. 당시 알프스를 넘어 이탈리아로 넘어온 자들도 있었다. 그들은 밤낮으로 걸으면 각 집을 방문하여 성경을 읽고 기도해 주고 또다시 길을 떠났다. 이렇게 해서 그들은 1500km가 넘는 긴 장화 모양의 이탈리아 전역에 복음을 전했는데 신약성경을 거의 외울 정도였다. 시대의 위험을 피하기 위해 상인처럼 행상을 겸하여 작은 생필품들을 팔았고, 각국어로 번역된 성경 필사본들과 소책자들을 보급하기도 하였다. 그들은 항상 짝을 지어 다녔는데 그들을 극진히 대접하는 사람들도 많이 있었다.

　1500년 겨울, 박해의 범위가 확대되자 많은 주민들은 더 높은 산으로 피신하였고, 그곳에서 대부분의 어린아이들과 여자들이 추위와 굶주림으로 죽어 갔다. 멸절의 위기에서 일부 살아남은 사람들은 스위스로 거처를 옮기게 되는데 종교개혁가 칼빈의 보호와 도움을 받게 되었다. 1532년 발데제 교인들은 칼빈사상을 대부분 받아들였고 예배형식과 교회조직을 받아들임으로써 사실상 스위스 프로테스탄트 교회가 되었다. 이로 발데제 교회를 오늘날 이탈리아의 장로교회로 칭하기도 한다.

발데제 교인들에 대한 박해는 수백 년 동안 계속 이어졌지만 그들은 전멸되지 않았고 신앙은 변개되지 않았다. 그러나 1655년 로마의회에서는 이단 발데제 교회를 괴멸시키기 위한 무서운 명령이 내려졌다. 극심히 추운 겨울, 왈도파의 모든 주민은 로마교회로 개종하지 않으면 삼일 안에 그들의 집을 떠나 700m 높이 이상의 산으로 올라가라는 것이었다. 그런데 놀랍게도 그들은 한 사람도 주저하지 않고 "우리는 온 우주의 만왕이신 하나님 한 분만을 믿는다. 그리고 성경을 따라 하나님께서 가르치신 방법대로 구원을 얻는다. 우리는 인간이 만든 어떤 교리와도 타협할 수 없으며 어떠한 세력도 우리를 우리의 신앙에서 떠나게 할 수 없다"고 말하며 마을과 집들을 포기하고 산 위에 있는 동굴이나 바위 아래 안식처를 마련하였다. 이는 마치 로마 박해시대에 지하무덤인 카타콤으로 피신한 것과 같았다. 어둡고 습하고, 먹을 것도 마실 것도 없는, 사람이 살 수 있는 환경이 되지 못했던 카타콤에서 그리스도인들이 자신의 신앙을 지키며 매일 주님께 기도와 찬양을 드렸듯이 그들은 토굴에서 나무뿌리로 연명하며 짐승보다 못한 삶을 살았지만 매일 하나님을 찬양했고 감사의 제단을 올렸다. 그런데 군대가 즉시 그 골짜기로 파견되었다. 그들은 토굴 속에 불을 질렀고 많은 사람들은 거기서 야만스럽게 살해되었다. 그나마 살아남은 사람들은 도성에 있는 감옥에 감금되었다. 그들은 그곳에서 가상 산인한 고문을 받았다. 그러나 여전히 감옥은 늘 찬송소리로 채워졌다. 몇 개월도 안 되어 남은 자의 수는 3,000명에 불과했다. 그런데 그나마 이번에는 유배지로 보내졌다. 그들은 혹독한 추위와 재촉되는 걸음으로 쓰러졌고 결국 길가에서 동사하였다.

영국의 문호 실낙원의 저자 존 밀턴[John Milton]은 1655년에 이러한 시를 썼다.

피에몬테[Piedmont]에서 최근 대학살에

오, 주님! 학살당한 성도들의 유골을 보수하소서!
뼈들이 차가운 알프스 산위에 흩어져 누웠나이다.
우리 조상들이 막대기와 돌을 경배할 때
그들은 당신의 진리를 순결하게 변함없이 지켰나이다.
그들의 신음을 잊지 말고 당신의 책에 기록해 주소서
그들은 당신의 양, 우리 안에 있는 양떼들입니다.
피에 주린 피에몬테 사람들에 의하여 죽어 가고
아이와 함께 어머니도 돌에 맞아 쓰러지나이다.
그들의 울음소리가 골짜기와 하늘까지 울려 퍼집니다.
순교자들의 피와 재는
지금도 폭군들이 난무하는 온 이태리 땅에 뿌려져
수백 배의 결실로 자라날 것입니다.
폭군들은 주님의 길을 깨달은 후에
바벨론의 파멸 속에 사라지게 될 것입니다.

왈도파를 비롯한 반 로마교회 단체들에게 감행된 수백 년 동안의 살육으로 무려 100만 명 이상이 학살당했다. 그러나 이러한 잔혹한 핍박 가운데 왈도파는 결코 멸절되지 않았다. 1848년 발데제 교인들은 이탈리아의 완전한 시민권을 얻었으며, 1855년 이탈리아 북부 토리노에 독자적인 신학교를 세웠다. 현재 발데제 교회는 피에몬테 지역에 41개 교회, 이탈리아 전체 120개 교회 등이 존속하며 2010년 통계 25,693명의 신자를 확보하고 있다. 14세기 영국 옥스퍼드 대학의 위대한 석학 위클리프는 왈도의 가르침을 신학적으로 정립하였으며, 당시 금서였던 라틴어 성경을 영어로 번역(1381)하여 일반인들에 배포하였다. 나중 발데제 교회의 종교적 신조는 종교개혁자 루터에게도 지대한 영향을 미쳤다

발데제 교회는 발생지인 프랑스에도, 거처지인 스위스에서도 그들의 자취가 사라졌는데, 이들을 거의 멸족시킨 이탈리아 땅에는 800년이 지난 지금까지도 꿋꿋이 살아남아 있다. 이는 로마 교황청이 거대한 산처럼 서 있는 이 땅에 마치 모퉁이 머릿돌처럼 견고하게 흔들리지 않고 박혀 있는 것이다. 이탈리아의 발데제 교회는 복음교회 중 가장 보수적인 교단으로 오늘날도 초대교회의 뜨거운 복음의 열기를 간직한 채 지금도 화롯불처럼 활활 타오르고 있다.

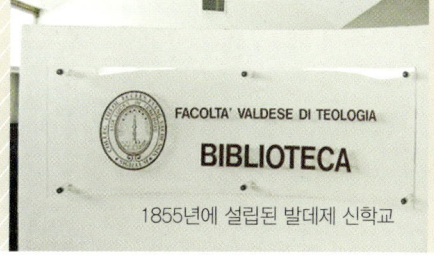
1855년에 설립된 발데제 신학교

2. 조르다노 브루노 – 캄포 데이 피오리 광장 Piazza Campo dei Fiori

캄포 데이 피오리 광장

동이 트지 않은 이른 새벽부터 이곳 광장은 꽃가게, 과일가게, 야채가게, 생선가게, 그리고 옷가게 등 온갖 잡화상까지 노상 준비로 분주해지기 시작한다. 오전에는 시장을 보러온 사람들로 시끄럽다가 점심이 지나

오후 3시가 가까워지면 노점상들이 하나둘 짐을 꾸려 떠나고, 광장은 상품가치를 잃고 버려진 야채와 과일 그리고 여기 저기 흩어진 상자들과 흩날리는 비닐 봉투들로 쓰레기장이 되어 버린다. 얼마 후 청소차가 말끔히 치우고 지나가면 이곳은 다시금 사람들이 오고가는 광장으로 변한다. 그리고 거리 악사들의 연주 소리와 주변에 널려 있는 바^{Bar}와 레스토랑에서 저녁 내내 들려오는 사람들의 이야기로 정겨움의 시간들이 지나간다. 캄포 데이 피오리 광장$^{Piazza\ Campo\ dei\ Fiori}$은 일반 관광객들에게는 잘 알려져 있지는 않지만 나름대로 운치가 있고 낭만이 있는 광장이다.

그런데 이곳 광장 중앙에는 그림자가 짙게 드리워진 동상 하나가 서 있다. 1600년 2월 17일 바로 이곳에 수많은 군중이 모여 있었다. 이날 이곳에서 있을 화형식을 보러 온 시민들이었다. 광장 중앙에는 높은 장작더미가 쌓여 있었고 그 위의 기둥에 묶여 있는 사람은 로마가톨릭의 도미니코회 수사였으나 로마 교황청으로부터 이단 죄로 화형 언도를 받은 조르다노 브루노$^{Giordano\ Bruno,\ 1548~1600}$였다. 화형식이 막 거행되려 할 즈음 그는 군중 앞에서 사형 집행인들을 향해 외쳤다.

"말뚝에 묶여 있는 나보다 화형에 처하려 불을 붙이려는 너희들이 더 공포에 떨고 있구나!"

브루노는 14살 때 도미니코 수도원에 들어가 24살에 신부가 되었다. 그는 수도원에서 철학, 수학, 기하학, 천문학 등을 탐구하였다. 명석한 두뇌를 가졌던 그는 코페르니쿠스의 지동설에 깊은 관심을 가지게 되었는데 이것은 당시 교회가 용납하지 못한 이단설이었다. 교회는 브루노의 과학적인 신념을 꺾기 위해 7년 동안이나 가두어 놓기도 하고, 가혹한 고문과 회유를 하기도 하였다. 그러나 이 모든 것들이 진리에 대한 그의 신념을 바꿀 수 없었다. 결국 종교 재판은 그를 화형에 처할 것을 언도하였다.

그 순간 그는 재판관들을 향해 다음과 같이 외쳤다. "지금 이 순간에 진정 두려워하고 있는 자는 누구인가? 그것은 죽음을 선고 받은 내가 아니라 그것을 선고하고 내 육체를 불태워도 진리는 없애지 못한다는 것을 알고 있는 바로 당신들이 아닌가?" 화형장에서 그의 입은 재갈로 봉해진 채 뜨거운 불길 속에서 신음 한마디 없이 죽어 갔다. 그가 이토록 죽음 앞에서 당당할 수 있었던 것은 '가치가 있는 것은 그에 상응하는 대가를 치를 때만 얻을 수 있고, 진리는 죽음의 대가를 치르고서라도 얻어야 할 것'이란 신념을 갖고 있었기 때문이었다.

오늘날 지동설은 하나의 일반 상식이 되어 있다. 그러나 이것이 진리라는 것을 고수하기 위해 브루노는 목숨을 던졌다. 독일 철학자 레싱 $^{\text{Gottold Ephraim Lessing, 1729-1781}}$ 은 만약 신께서 한 손에는 '진리를 소유할 수 있는 기회'를, 다른 한 손에는 '진리를 추구할 수 있는 기회'를 쥐고, 어느 것을 택할지 묻는다면 "오, 신이여! 진리를 소유할 수 있는 기회는 당신께서 가지시고 내게는 진리를 추구할 수 있는 기회를 주십시오."라고 대답하겠다 했다. 그는 또한 "인간의 가치는 소유하고 있는 진리에 의해서 측정되는 것이 아니라 진리를 추구하기 위해 기울인 노력과 고통에 의해 측정된다."라고 했다. 1887년 조르다노 브루노가 화형당한 것을 기념하여 캄포 데이 피오리 광장 중앙에 동상이 세워졌다.

캄포 데이 피오리 광장
주소: Piazza Campo dei Fiori
지도: 3구역

개척자들의 정신

곁/길 산타 마리아 소프라 미네르바 교회 Chiesa di Santa Maria sopra Minerva

로마의 판테온 부근에 산타 마리아 소프라 미네르바 교회가 있다. 다소 긴 이름은 지혜의 여신 미네르바 신전이 이곳에 자리 잡고 있었다고 하여 붙여진 것이다. 이곳을 1280년에 도미니코 교단의 본부로 삼았다. 이 교단은 1207년 스페인 출신 도미니코가 알비파 이단자들에 대한 반응으로 세운 교단인데 당시 이단박멸에 앞장선 예수회 교단과 경합하여 상대 교단을 1세기 동안 폐쇄시킬 정도의 막강한 세력을 갖고 있었다.

"만일 아버지가 이단자라면 화형장에 나뭇단을 직접 쌓겠다."고 말한 바 있는 종교박해와 재판에 집착했던 교황 바오로 4세가 교회에 안치되어 있으며, 뒤편의 부속 수도원에는 종교재판소가 있었다. 이 재판소에서 브루노가 화형 언도를 받았고, 1633년 종교재판을 받던 갈릴레이 갈릴레오가 자신의 이론을 철회하고 수도원을 나오며 "그래도 지구는 돌고 있다"고 중얼거렸던 곳이다.

산타 마리아 소프라 미네르바 교회
1667년 로렌조 베르니니의 코끼리 상과 기원전 6세기 이집트 오벨리스크

에 필 로 그

　20여 년간 선교지 이탈리아 로마에서 살아온 삶과 하나님의 말씀을 섬기며 받았던 은혜, 그리고 성지를 수시로 방문할 수 있었던 축복 속에 이 책이 탄생되었다. 5년 전 로마 발제데 신학교^{본서에서 언급하였던 복음교회} 도서관을 찾은 적이 있다. 로마로 압송된 바울의 로마행적에 관한 자료를 얻고자 함이었다. 가톨릭 자료에는 베드로에 비해 바울에 대한 자료가 너무나 빈약하기 때문이었다. 그런데 이곳에서도 바울에 관한 로마 초기의 자료가 전무하다는 사실에 충격을 받았다.
　책 머리글에서 언급하였듯이 알려지지 않은 로마의 성지를 적극적으로 찾아 소개하는 것이 일종의 사명이 되었지만, 자료를 구하는 것이 쉽지 않았다. 시간이 지나니 이렇게 저렇게 자료는 생겨났지만 건축 자재가 준비되었다고 건물이 지어지는 것은 아니었다.
　내용들을 열거하다 보니 일반 관광 안내 서적과 다를 바 없었고, 전승 이야기를 바탕으로 기행문을 쓰다 보니 하나의 소설처럼 되고 말았다. 오랜 진통의 시간들이 지났다. 결국 손을 놓고 시간만 보내고 있었다. 그러다 바울의 셋집을 발견한 것은 다시금 책을 내고야 말겠다는 결정적인 마음을 갖게 하였다.

　이후 성령 하나님께서 폭포수 같은 은혜를 부어 주셨다. 목차와 서문이 완성되고 내용들이 정리되면서 5년 이상 끌어왔던 글을 마무리할 수 있었다. 지금은 마치 긴 터널을 지나 밖으로 나온 듯 홀가분하다.
　글을 마치며 단지 누군가 해야 할 일을 했다는 기쁨과 감사가 느껴질 뿐이다. 모쪼록 본서가 로마 성지를 방문하시는 순례자 분들에게 좋은 길잡이가 되고, 신앙의 새로운 활력과 도전이 되기를 소망한다. 그리고 아직 방문하지 못한 분들에게 함께하는 은혜가 되며, 이로 인하여 방문하고자 하는 소망과 기회가 주어지기를 기대한다. 또한 예수님을 모르는 분들에게도 관심 받는 책이 되어 기독교에 대해 알고 예수님을 영접할 수 있는 축복이 임하도록 기도하는 마음이다.

개척자의 발은 사실 미숙함이 동반된다. 그러기에 본서에서 처음 다루어진 부분들은 더욱 깊이 연구되고 보완되고 정정되어야 할 것이다. 이 일 또한 믿음의 동역자인 누군가가 해 주었으면 하는 바람이 간절하다. 어제나 오늘이나 변함없는 성부 하나님, 영원한 구세주 성자 하나님, 그리고 지금도 우리와 동행해 주시는 성령 하나님께 무한한 감사와 찬양과 영광을 올려드린다. 오랜 시간 선교지에서 인내하며 동역해 준 신실한 아내와 믿음의 자녀로 잘 자라준 아이들에게 진심으로 감사와 사랑의 마음을 전한다.

본서가 탄생되도록 도와주신 한국장로교출판사 사장 재형욱 목사님의 탁월한 안목과 명성교회 김삼환 목사님, 대한예수교장로회총회장 김동엽 목사님의 추천이 큰 힘이 되었다. 아울러 출판사 직원 분들께도 진심으로 감사를 드린다.

로마에서 저자

걸어서 가보는
로마교회 이야기
감추인 보화를 찾아서

초판발행	2014년 4월 10일
4쇄발행	2017년 9월 5일

지 은 이	권순만, 한인성
펴 낸 이	채형욱
펴 낸 곳	한국장로교출판사
주　　소	03129 / 서울 종로구 대학로 19, 409호(연지동, 한국기독교회관)
전　　화	(02) 741-4381 / 팩스 741-7886
영 업 국	(031) 944-4340 / 팩스 944-2623
등　　록	No. 1-84(1951. 8. 3.)

ISBN 978-89-398-4043-0 / Printed in Korea
값 14,000원

편 집 장 정현선		
교정·교열 원지현	표지·본문디자인 최종혜	사진·지도 권순만
업무부장 박호애	영업부장 박창원	

※ 이 출판물은 저작권법에 의해 보호를 받는 저작물이므로 무단전재와 무단복제를 할 수 없습니다.

"어떻게 하든지 이제 하나님의 뜻 안에서
너희에게로 나아갈 좋은 길 얻기를 구하노라
그러므로 나는 할 수 있는 대로
로마에 있는 너희에게도 복음 전하기를 원하노라"
(롬 1 : 10, 15)

걸어서 가보는
로마교회
이 야 기

감추인
보화를
찾아서